Helle Jensen

HELLWACH UND GANZ BEI SICH

Helle Jensen

HELLWACH UND GANZ BEI SICH

Achtsamkeit und Empathie in der Schule

Übungen in Zusammenarbeit mit
Katinka Gøtzsche, Charlotte Weppenaar Pedersen
& Anne Sælebakke

Aus dem Dänischen
von Günther Frauenlob

Dieses Buch ist erhältlich als:
ISBN 978-3-407-85840-5 Print
ISBN 978-3-407-22310-4 E-Book (PDF)
ISBN 978-3-407-22313-5 E-Book (EPUB)

4. Auflage 2020

© 2014 im Beltz Verlag
in der Verlagsgruppe Beltz · Weinheim Basel
Werderstraße 10, 69469 Weinheim
Alle Rechte vorbehalten
Umschlaggestaltung: www.anjagrimmgestaltung.de (Gestaltung),
Stephan Engelke (Beratung)
Bildnachweis: © plainpicture/Fancy Images

Herstellung: Lelia Rehm
Gesamtherstellung: Beltz Grafische Betriebe, Bad Langensalza
Printed in Germany

Weitere Informationen zu unseren Autor_innen und Titeln finden Sie
unter: www.beltz.de

Inhalt

Vorwort zur deutschen Ausgabe

Dieses Buch ist das Produkt einer intensiven Entwicklung, die ich zum Teil nah begleiten durfte. Es vereint unterschiedliche Ansätze und grundlegendes Wissen zu Selbstgefühl, Beziehungskompetenz und Empathie zu einem sehr klaren und stringenten Ganzen. Helle Jensen zeigt auf, wie wir den Kontakt zu uns selbst und in der Folge zu unseren Nächsten stärken und entwickeln können.

Als Psychologin, die mit Familien und Fachpersonen arbeitet, spricht mich die inhaltliche Tiefe in Verbindung mit der einfachen Umsetzbarkeit der Übungen sehr an. Ich setze diese Übungen zur Stärkung der persönlichen Integrität, der Beziehungsfähigkeit und der Beziehungskompetenz seit einigen Jahren in unterschiedlichen professionellen Settings ein und freue mich, jetzt ein Handbuch zu diesem Schatz zu haben. Es ist ein Schatz, den jeder von uns in sich trägt, der aber erst zur Entfaltung kommt, wenn man ihm Raum gibt und regelmäßig übt. Das Potenzial für das eigene psychische Wohlergehen ist nicht nur im pädagogischen Bereich sehr groß, und ich freue mich, dass wir damit gemeinsam unsere Welt für kleine und große Menschen lebens- und liebenswürdiger machen.

Manchmal werde ich gefragt, warum ich den Aspekt der Empathieentwicklung so eng mit der inneren Aufmerksamkeit und Achtsamkeit verbinde. Folgende Punkte sind für mich dabei zentral und bilden die Basis dieser Arbeit:

- Weil wir Menschen – Kinder und Erwachsene – gesehen und anerkannt werden müssen.
- Weil eine gute Beziehungsatmosphäre die Basis für jede kognitive Leistung und jede Entwicklung ist.
- Weil Menschen sich im Kontakt mit anderen Menschen spüren.
- Weil wir ganze Menschen mit Körper, Bewusstsein, Geist, Herz und der uns jeweils eigenen Kreativität sind.
- Weil Kinder Sicherheit und Führung brauchen.
- UND weil uns die seelische Gesundheit von Pädagogen und Pädagoginnen sehr wichtig ist!

Mit mir selbst gut in Kontakt zu sein, das Erleben und Geben von Empathie und die Stärke der eigenen Beziehungskompetenz führen zu mehr Lebensfreude, Spaß am Arbeiten und zur Fähigkeit, besser auf die eigenen Bedürfnisse zu schauen.

In diesem Sinne wünsche ich Ihnen viel Spaß mit diesem Buch und freue mich auf die Verbreitung im deutschsprachigen Raum.

Robin Menges[1]

---

1 Robin Menges ist klinische Psychologin, Supervisorin, Family Counselor und Familientherapeutin, Gründerin und Leiterin der IGfB – Internationale Gesellschaft für Beziehungskompetenz.

Vorwort von Jesper Juul

Politiker und Wissenschaftler arbeiten zurzeit mit Hochdruck daran, die Schule zu ändern und damit natürlich auch den Rahmen und den Inhalt des Alltags von Schülern und Lehrern. Diese Gedanken und Strategien werden häufig in positiv klingende Worthüllen verpackt, die über die eigentliche Absicht aber nicht hinwegtäuschen können: Zu Ehren und im Namen von Konkurrenz und Beschäftigung soll die beste Schule der Welt erschaffen werden.

In der aktuellen Debatte geht es dabei um die Fragen, ob wir große oder kleine Schulen haben wollen, große oder kleine Klassen, Ganztagsschule oder Gemeinschaftsschule, mehr oder weniger Fächer, einen früheren Schulbeginn und, und, und. Politiker aller politischen Lager verbünden sich mit jeweiligen Wissenschaftlern, die untereinander verschiedener Meinung sind. In gewisser Weise ist es befreiend, dass sie auf diese Weise die Karten auf den Tisch legen und mit ihren Argumenten klar zu erkennen geben, dass die Schule staatliche und gesellschaftliche Ziele verfolgt und nicht etwa die Interessen der Schüler, der Lehrer oder der Schulleiter. Traurig ist aber, dass sowohl die politischen Haltungen als auch der Großteil der wissenschaftlichen Untersuchungen auf einem altmodischen, monowissenschaftlichen Modell fußen und damit versuchen, das System mit eben jenen Mitteln zu verbessern, die es fachlich wie auch sozial mehr oder weniger dysfunktional haben werden lassen.

Wie in allen öffentlich finanzierten Gesellschaftsbereichen, die in den letzten Jahren Opfer von Marktdenken und privatwirtschaftlichen Strategien des »New-Public-Management-Models« geworden sind, wird der Mensch zugunsten von Effektivität und die Qualität zugunsten des Quantifizierbaren und Messbaren ignoriert. Der Begriff Qualität findet zwar immer wieder Verwendung, aber seine Definition endet immer in einem Maß für die Quantität (à la Pisa-Studie), d. h. für die Leistungen von Schülern, Lehrern und der Schule als solcher und das egal, ob es um Mathematikunterricht, Inklusion oder den Unterricht in der Muttersprache geht.

Man darf sich darüber wundern, dass ansonsten intelligente Politiker dazu in der Lage sind, ein so wesentliches Problem zu übersehen oder zu ignorieren. Erklären kann man das zu weiten Teilen damit, dass keine der politischen Parteien den ganzen Menschen im Blick hat – das heißt konkret formulierte Vorstellungen davon hat, was für das Leben, die Lebensqualität und die Entwicklung des einzelnen Menschen gut oder schlecht ist. Womit sie dann natürlich auch für die menschlichen Eigenschaften sowohl in der Privatsphäre als auch in der Gesellschaft blind sind. Parteien haben die Gesellschaft vorrangig unter wirtschaftlichen Gesichtspunkten im Blick. Deshalb bleiben sie mit ihrem konstanten Fokus auf Leistung, Quantität, Produktivität und ökonomischen Reichtum primitiv und unglaubwürdig.

Es muss entschuldigend festgehalten werden, dass sowohl die pädagogischen Wissenschaften als auch Lehrer und Eltern in hohem Maße daran beteiligt waren, das falsche Bild entstehen zu lassen, dass nämlich Fachwissen und Spaß an der Schule oder die sogenannten harten und weichen Werte sich gegenseitig ausschließen oder gar miteinander konkurrieren. Das Gleiche gilt für die Qualität der persönlichen Beziehungen zwischen Lehrern und Schülern. Das alte und längst nicht mehr aktuelle Paradigma läuft darauf hinaus, dass die Erwachsenen Rahmen und Inhalte, die die Schüler betreffen, festlegen und damit nicht zuletzt über die Würde und Integrität der Schüler bestimmen, während es in dem neuen um gegenseitigen Respekt geht, die übergeordnete Verantwortung der Erwachsenen und die Fähigkeit zur Empathie als das individuelle Fundament für das Lernen und das Wohlbefinden. Tausende von Lehrern und Schülern haben an Hunderten von Schulen in der ganzen Welt bewiesen, dass der Gegensatz zwischen Lernen und Wohlfühlen künstlich ist, und in immer größerem Tempo untermauert die Wissenschaft diese Tatsache mit immer neuen Bausteinen. Es geht nicht zuletzt um die neuroaffektiven Erkenntnisse aus der Entwicklungspsychologie.

Die tägliche Zusammenarbeit und das Miteinander zwischen Erwachsenen und Kindern in der Schule basieren auf dem Fundament von Beziehungskompetenz, die wiederum in hohem Maße abhängig ist von der Fähigkeit zur Empathie – das heißt dem Vermögen beider Partner, sich in die Rolle des jeweils anderen hineinzuversetzen. Diese Fähigkeit können Kinder aber nur durch den Umgang mit empathischen Erwachsenen lernen – und nicht durch Belehrung, strengen Fachunterricht oder moralische »Regeln« mit dazugehörigen Sanktionen. Damit besteht die Herausforderung für eine kontinuierliche Weiterbildung der Lehrer darin, fachliches Wissen mit persönlicher Weiterentwicklung zu verschränken, wobei die persönliche Entwicklung von Fachleuten ein wichtiger Baustein ihrer Beziehungskompetenz ist, wie wir sie in unserem Buch »Vom Gehorsam zur Verantwortung«[2] näher beschrieben haben. Und genau in diesem Punkt hat sich Helle

2 Jesper Juul, Helle Jensen: Vom Gehorsam zur Verantwortung. Für eine neue Erziehungskultur. Weinheim und Basel: Beltz 2009

Jensens Pionierarbeit als ein konstruktiver Weg sowohl für Kinder als auch für Erwachsene erwiesen, da dieser Weg gemeinsam beschritten werden kann.

Empathie war in der westlichen Welt über Generationen hinweg ein positiv belegter Begriff. Niemand hat den Wert von Empathie in zwischenmenschlichen Beziehungen jeglicher Art infrage gestellt. Trotzdem ist diese Fähigkeit nur bei einer Minderzahl von Erwachsenen ein integraler Teil ihrer Persönlichkeit und ihres Wesens. Bei den meisten ist Empathie nicht mehr als eine soziale Attitüde, die oft mehr mit bloßer Sympathie für jemanden oder oberflächlichem Mitgefühl zu tun hat.

Dies erklärt vermutlich auch den seit Generationen bestehenden Gegensatz zwischen Erwachsenen, die aufseiten der Kinder stehen, und denen, die immer aufseiten der Erwachsenen, Lehrer und der Gesellschaft stehen. Der Kampf zwischen den »Alternativen« und den »Systemtreuen« hat dabei aber weder den Kindern noch den Erwachsenen genützt. Die Erwachsenen haben einander bekriegt und die Kinder waren ihre Geiseln. Gleiches geschieht übrigens, wenn Eltern sich bekämpfen oder so tun, als habe alles nur mit ihnen zu tun.

Eine konstruktive und tragfähige Alternative ist es, den Fokus auf die Qualität der Beziehung zwischen Kindern und Erwachsenen zu richten. Der wichtigste Teil dieser Arbeit ist nicht intellektuell, sondern ebenso praktisch und erlebnisorientiert wie die vielen Übungen, die in diesem Buch vorgeschlagen werden.

In der heutigen Schule gibt es die bedauernswerte Tendenz, negative Begriffe zu isolieren und zu überhöhen, wie zum Beispiel das Wort »Disziplinkrise«, und lange Debatten darüber zu führen, wer daran Schuld hat. In Wahrheit aber kämpfen Schulleiter, Politiker und Lehrer über weite Strecken damit, dass der Führungsstil vergangener Zeiten einfach nicht mehr funktioniert. Das Gleiche erleben Eltern und Firmenchefs, und deshalb ist es von entscheidender Bedeutung, dass Lehrer die Gelegenheit zu solider, kontinuierlicher Fortbildung erhalten, um sie in ihren sehr vielfältigen Führungsrollen sicherer und kompetenter zu machen. Erst dann können sich die fachliche Kompetenz, das Verhalten und die Leistung von Erwachsenen und Schülern verbessern.

Mit dem doppelten Fundament – Beziehungskompetenz und Empathie – kann man auch der Tatsache begegnen, dass die heutigen Kinder und Jugendlichen mehr und mehr Zeit in pädagogischen Einrichtungen verbringen, die damit mehr Verantwortung für die psychosoziale Entwicklung der Kinder und folglich auch für die Stimmung und die Atmosphäre in der zukünftigen Gesellschaft übernehmen.

Jesper Juul, im Mai 2014

Einleitung

Seit vielen Jahren leite ich unzählige Kurse für Lehrer, Pädagogen, Pflegepersonal, Psychologen und andere, die sich beruflich mit dem Alltag von Kindern beschäftigen. In diesen Weiterbildungen geht es immer darum, mit unterschiedlichen Inhalten die Qualität in der Lehre und im Alltag der Menschen zu fördern. Über viele Jahre hinweg setzte ich auf den Dialog als Arbeitswerkzeug. Ich wendete mein Wissen über Beziehungen und professionelle Beziehungskompetenz an, das ich durch die Weiterbildung in Familientherapie bei Jesper Juul (im damaligen Kempler Institute of Scandinavia) erworben hatte. Die aus dieser Arbeit resultierenden Erfahrungen sind in dem Buch *Vom Gehorsam zur Verantwortung. Für eine neue Erziehungskultur* (Juul & Jensen, 2002, dt.: 2009) beschrieben. Auch in diesem Buch wird es viele Beispiele geben, wie man über die persönliche Sprache, also den Dialog, tragfähige Beziehungen aufbaut und eine solide Basis für ein gutes Lern- und Entwicklungsumfeld schaffen kann.

An einem schwierigen Punkt in meinem eigenen Leben war es für mich sehr hilfreich, alte meditative Übungen anzuwenden. Es geht dabei um Techniken, die über Jahrhunderte hinweg genutzt worden sind, um Präsenz, Aufmerksamkeit und Empathie zu stärken. Durch das Kennenlernen der Arbeiten von Jes Bertelsen, der diese Übungen auch für heutige Menschen anwendbar machte, entstand die Idee, sie so zu modifizieren, dass sie auch für die professionelle Arbeit mit Kindern hilfreich sind.

Eine Gruppe von Menschen mit unterschiedlichem fachlichen Hintergrund, darunter Mitglieder des Vereins »Die Lebenskompetenz von Kindern« (www.bornslivskundskab.dk) arbeitet seit 2006 an diesem Vorhaben, und in dem 2012 erschienenen Buch *Miteinander – wie Empathie Kinder stark macht*[3] sind die Grundgedanken dieser Arbeit wiedergegeben worden.

Wenn meine Kollegen und ich Kurse über dieses Thema gegeben haben, wurden wir immer wieder nach einer übersichtlichen Darstellung der Übungen gefragt, um sich persönlich inspirieren zu lassen, diesen Weg zu beschreiten. Das hier vorliegende Buch ist ein solches Übungsbuch. Alle Übungen sind in Zusammenarbeit mit Praktikern ausgearbeitet worden, welche diese Übungen seit Jahren anwenden und Kinder und Erwachsene darin geschult haben: Anne Sælebakke, Charlotte Weppenaar Pedersen und Katinka Gøtzsche. Wenn ich im Folgenden »wir« schreibe, möchte ich damit zum Ausdruck bringen, dass dieses Buch nur durch ihren Input und ihr Mitwirken zustande kommen konnte.

Das Buch richtet sich vor allem an Schulen, das heißt, alle Beispiele und Übungen sind auf sie hin ausgerichtet und damit in ihrem Rahmen auch leicht umzusetzen. Es wäre sicher nicht minder interessant, auch Kinderkrippen, Krabbelstuben oder Kindergärten hier einzubeziehen, aber da die Beispiele zu diesem Bereich ebenfalls sehr vielfältig ausfallen würden, wäre das Ergebnis für ein einziges Buch viel zu umfassend, sodass diese wichtige Arbeit noch aussteht.

---

3 Jes Bertelsen, Steen Hildebradt, Peter Høeg, Helle Jensen, Jesper Juul, Michael Stubberup: Miteinander. Wie Empathie Kinder stark macht. Weinheim und Basel: Beltz 2012

Das Buch beginnt mit einer Beschreibung des Schulalltags, wie er heute aussieht beziehungsweise wie er heute aussehen könnte, wenn die eine oder andere Schulreform, insbesondere in Richtung Ganztagsschule, erst einmal umgesetzt worden ist. Ich sehe vielfältige Möglichkeiten, die Qualität in der Schule zu sichern, und verwende einige Kapitel, um die Grundlagen für ein gutes Lern- und Entwicklungsumfeld näher zu skizzieren.

Die Basis bildet die Entwicklungspsychologie, explizit das aktuelle Wissen über die Bedeutung der Beziehung für die Entwicklung der Lernbereitschaft und für eine prozessorientierte Pädagogik. Eine weitere Basis bildet die neuroaffektive Psychologie, welche das Wissen über den Aufbau des Nervensystems und die Bedeutung der Physiologie für das Lernen in einen Zusammenhang mit Bindungs- und Beziehungserfahrungen stellt. Darüber hinaus spielt aber auch ein jahrtausendealtes Wissen eine wichtige Rolle. Es findet Niederschlag in den verschiedenen meditativen Traditionen, die bei näherer Betrachtung von allen zugunsten persönlichen Seins und persönlicher Entwicklung angewendet werden können.

In kurzen Abschnitten werde ich auf die Begriffe eingehen, auf denen die Beispiele im Praxisteil dieses Buches aufbauen. Es geht dabei um Empathie, Beziehungskompetenz, Inklusion, Aufmerksamkeit und Präsenz sowie um die natürlichen Kompetenzen, die der Ausgangspunkt für die inneren Übungen sind. Mit den *natürlichen Kompetenzen* sind die Fähigkeiten gemeint, die unser Herz, unser Körper, unsere Atmung, unser Bewusstsein und unsere Kreativität von Natur aus besitzen: Das heißt die Fähigkeiten, Empathie zu zeigen; zu entspannen und diese Entspannung auch zu spüren; sich auf die Atmung zu konzentrieren und sie zu vertiefen; wach und aufmerksam zu sein, ohne ein bestimmtes Ziel vor Augen zu haben; sowie die Fähigkeit, kreativ auf innere oder äußere Impulse zu reagieren. Der Begriff *innere Übungen* bezeichnet Übungen, bei denen man sich dieser natürlichen Kompetenzen bewusst wird und sie miteinander verbindet (Bertelsen, 2013).

Das Buch präsentiert eine Reihe erprobter Übungen, die man erst allein und dann mit den Kindern durchführen kann. Man kann sich aber auch ganz formlos bei seiner täglichen Arbeit auf seine natürlichen Kompetenzen konzentrieren und dabei explizit auf seinen eigenen Körper, seine Atmung, sein Herz, seine Aufmerksamkeit und seine Kreativität achten. Die Prinzipien des Trainings sind einfach und klar:

1. Erinnere dich an deine eigenen Kompetenzen.
2. Setze mehrere von ihnen gleichzeitig ein.
3. Denk daran, Pausen zu machen und das Tempo im Laufe des Tages zu variieren.

In den dann folgenden Kapiteln beschreibe ich die Arbeit für mehr Präsenz und Empathie in der Schule detaillierter. Ich gehe dabei von verschiedenen Situationen im Schulalltag aus: unterschiedlichen Klassenstufen, Pausensituationen, Schulbeginn, Stundenwechsel usw. Ich werde auch auf Beispiele aus der Teamarbeit und der Zusammenarbeit mit Eltern eingehen. Diese Beispiele münden in Vorschlägen, die das Ziel haben, das Lern- und Entwicklungsumfeld in den jeweiligen Situationen durch innere Übungen und Dialoge zu verbessern, Möglichkeiten, die professionelle Beziehungskompetenz zu stärken.

Die konkreten Übungen kann man anfänglich allein durchführen, um sie zu lernen und zu verinnerlichen. Wenn man dann genügend Sicherheit gewonnen hat, kann man sie gemeinsam mit den Kindern durchführen. Aber man kann auch ganz auch informell üben: auf seine eigene Atmung und seinen Herzschlag achten oder auf seine Gedanken und die

Pausen dazwischen, zum Beispiel jetzt, während Sie diesen Text lesen.

Alle Übungen sind nummeriert, und am Ende des Buches findet sich eine zusammenfassende Liste, damit man sich einen Überblick verschaffen kann. Das Buch kann auf verschiedene Art und Weise gelesen werden: wenn man will, von A bis Z. Will man etwas mehr über den Hintergrund wissen, warum wir diese Übungen vorstellen, ist es sicher sinnvoll, das Buch vom Anfang bis zum Ende zu lesen. Aber das Buch kann auch als Nachschlagewerk genutzt werden, wenn man in einer bestimmten Alltagssituation Inspiration sucht. Dann kann ein Blick ins Inhaltsverzeichnis nützlich sein. Interessiert man sich vor allem für die vorgeschlagenen Übungen, kann man auf Basis des Übungsindexes die einzelnen Übungen wie eine Art persönliches Training durchgehen, bevor man sie mit den Kindern macht. Das Buch versteht sich auch als ein Handbuch, und wir hoffen, dass es für viele, die praktisch mit Kindern arbeiten, von Nutzen sein wird.

Ein großer Dank geht an Marianne Walther und Jes Bertelsen für ihre Hilfe und Inspiration zu dem Manuskript und die Präzisierung der Begriffe und Übungen. Des Weiteren danken möchten wir Anders Laugesen, Jesper Juul, Michael Stubberup, Steen Hildebrandt und Peter Høeg für die fruchtbaren Gespräche und die Inspiration, die wir durch unsere Treffen im Verein »Die Lebenskompetenz von Kindern« bekommen haben. Gedankt sei aber auch allen Kursteilnehmern, Kindern und Erwachsenen, die uns im Laufe der Zeit wichtiges Feedback gegeben und damit zur Weiterentwicklung der Übungen beigetragen haben.

Präsenz, Beziehung und natürliche Kompetenzen

Teil 1

Kapitel 1

Schulalltag für Kinder und Erwachsene

Der Schulalltag bietet Lehrern[4] wie Schülern in schneller Folge diverse Möglichkeiten, stellt sie aber auch vor immer neue Herausforderungen. Verstärkt wird dies noch durch die Tatsache, dass im Rahmen der flächendeckenden Einführung von Ganztagsschulen im Gespräch ist, die Schulzeit um mehrere Stunden zu verlängern und um diverse Aktivitäten zu erweitern. Es kann schwer sein, den Kontakt zu sich selbst/zu seinem Inneren, die Richtung und die Konzentration zu bewahren, wenn auf immer neue Inputs reagiert werden muss. Als Konsequenz richtet sich die Aufmerksamkeit dann primär auf die Umgebung und ist damit nicht mehr im Körper und Geist des Einzelnen verankert. Man gerät schnell außer sich, das heißt, man verliert den Kontakt zu seiner eigenen Urteilskraft und seinen Bedürfnissen, wenn ständig aus unterschiedlichsten Richtungen an einem gezerrt wird. Das autonome Nervensystem gerät in einen Zustand von »Dauerbereitschaft«, nicht unbedingt auf hohem Niveau, aber es handelt sich um eine Art ständiger Wachheit, die schnell zu Stress führen kann, weil das System seine natürliche Fähigkeit

---

4 Der Lesbarkeit wegen sprechen wir in diesem Buch abwechselnd von Lehrerinnen und von Lehrern, wobei bei der jeweils verwendeten Form natürlich immer auch die andere gemeint ist. (Anm. des Übers.)

verlernt, zwischendurch herunterzuschalten (Bech et al., 2012). Man ist bereit, jederzeit auf alle möglichen Stimuli zu reagieren, wodurch die Aufmerksamkeit von der Aufgabe selbst abgelenkt wird, die man eigentlich lösen wollte.

Es sind nicht nur unwillkommene Stimuli von außen, welche die Konzentration und die Vertiefung in ein Thema stören können. Dies gilt auch für bestimmte Anforderungen, mit denen sich die betroffenen Schüler selbst herumschlagen müssen. Zum Beispiel werden in Lernsituationen immer höhere Anforderungen an die Kinder und Jugendlichen gestellt, selbstständig konkrete Entscheidungen zu treffen: Wo bekomme ich die nötigen Informationen her? Welche Informationen sind wichtig, welche nicht? Man kann im Laufe weniger Sekunden unerhört viele Informationen und Daten bekommen, und das erfordert eine ganz andere Fähigkeit, auszuwählen und zu sortieren, als sie für frühere Generationen nötig war.

Nicht nur im Schulalltag gibt es ständigen Wechsel und ständig neue Anforderungen; auch außerhalb der Schule: ein aktives Freizeitleben mit Sport und Hobbys, die gepflegt werden wollen, Arzttermine, die eingehalten werden müssen, und diverse elektronisch-digitale Aktivitäten, die bei uns allen einen mehr oder weniger großen Teil unserer Zeit einnehmen. In der Schule versucht man eine gewisse Kontinuität zu schaffen, aber da man gleichzeitig auch die Teamarbeit fördern will, das Miteinander unterschiedlicher Klassen, manchmal sogar über Jahrgangsstufen hinweg, ist es nur selten möglich, sich in ein Thema, das im Moment das Interesse von Kindern und Erwachsenen fesselt, wirklich zu vertiefen. Theoretisch sollte man Konzentration und Flow für ein Thema ausnutzen und möglichst lange bewahren, statt sie abzuwürgen, um dann bei anderen Themen wieder von vorn anzufangen.

Gleichzeitig stellt der Schulalltag aber auch ganz generell immer höhere Anforderungen an Lehrer, Eltern und Kinder oder Jugendliche. Häufig geht es darum, die Unterrichtsziele mit den einzelnen Kindern und Jugendlichen sowie für die Klasse als Ganzes zu erreichen. Darüber hinaus gibt es immer neue Evaluierungen, um die Qualität der ausgeführten Arbeit zu sichern. Heute wird viel mehr dokumentiert und geschrieben als früher. Das hat seine positiven Qualitäten, führt aber auch dazu, dass die Anforderungen an den Einzelnen beständig steigen. Wohlgemerkt geht es dabei nicht nur um Lehrer und Erzieher, sondern auch um Kinder und Jugendliche, deren Leben häufig vom Anspruch geprägt ist, zu den Besten zu gehören, maschinengleich gute Noten nach Hause zu bringen, ihr Leben zu meistern und dabei auch noch die Ideale der Zeit zu erfüllen, also zum Beispiel gut auszusehen, um erfolgreich zu sein.

All das kann mit den Qualitäten kollidieren, die nötig sind, um ein gutes Lern- und Entwicklungsumfeld zu schaffen, in dem Platz für jeden Einzelnen der Gesellschaft ist. Platz, um Empathie und Mitgefühl zu entwickeln, und Zeit, sich zu vertiefen.

Die Essenz eines guten Lern- und Entwicklungsumfelds

Viele Faktoren haben Einfluss auf das Lern- und Entwicklungsumfeld. Ein wesentliches Paar bilden die fachliche und didaktische Kompetenz: Die Lehrerin/Pädagogin muss ihren Stoff beherrschen, ihn gut vermitteln können und dabei auch in der Lage sein, auf die Verschiedenheit der Kinder und Jugendlichen und ihre unterschiedlichen Lernbedürfnisse einzugehen. Darauf wird in der Lehrerausbildung und den entsprechenden Fortbildungen der verschiedenen Fachgruppen Wert gelegt, weshalb wir uns mit diesem Thema nicht weiter beschäftigen werden. Stattdessen wollen wir hier ähnlich wichtige Kompetenzen aufzeigen, nämlich die Kompetenz, gute und tragfähige Beziehungen aufzubauen. Das setzt einen guten Kontakt zu sich selbst voraus und die Kompetenz, den ganzen Menschen zu sehen und zu spüren, was er alles mit ins Klassenzimmer bringt. Das folgende Zitat aus einer Forschungsübersicht über Lehrerkompetenzen und das Lernen von Kindern in Vorschule und Schule trifft es ganz gut:

> »Wollen wir den Lernerfolg verbessern, müssen wir die Lehrer vor allem darin schulen, gute Beziehungen aufzubauen. Ganz konkrete Qualitäten sind entscheidend. Es geht darum, Toleranz zu zeigen, Respekt, Interesse und Empathie für jeden einzelnen Schüler. Die Lehrer mit den besten Schülerresultaten sind diejenigen, die im Konfliktfall an das Verständnis der Kinder appellieren, statt sie auszuschimpfen.« (Nordenbo et al., 2008)

Dass die Lehrer-Schüler-Beziehung eine derart große Bedeutung hat, stellt hohe Ansprüche an die Lehrkräfte, da sie Wissen über alle drei Bestandteile dieser Beziehung haben müssen: sich selbst – die Beziehung als solche – das Kind.

Noch dazu ist dieser Anspruch relativ neu. Als theoretisch begründete Notwendigkeit kam er erst durch den Paradigmenwechsel in der Entwicklungspsychologie zum Tragen, nach dem das Kind als sozial kompetentes Wesen angesehen wird, als ein Individuum, das von Geburt an über Möglichkeiten zur menschlichen Kommunikation verfügt (Sommer, 1996). Erst seit diesem Paradigmenwechsel hat man die Notwendigkeit erkannt, Kurse und Supervisionen anzubieten, um das Fachpersonal zu schulen und seine Beziehungskompetenz zu stärken. Die Inklusionswelle hat ihr Übriges dazu beigetragen, dass diese Kompetenzen immer gefragter sind.

Die Beziehung zwischen einem erwachsenen Lehrer/Erzieher und den Kindern oder Jugendlichen ist asymmetrisch. Die Partner der Beziehung sind nicht gleichgestellt, da die Lehrkraft durch ihre Position an der Schule sowie durch ihr Alter und ihre Erfahrung mehr Macht hat als die Kinder oder Jugendlichen. Aber aus dieser Macht resultiert auch die Verantwortung für die Qualität der Beziehung. Das bedeutet unter anderem, dass der Lehrer/Erzieher vorangehen und dafür sorgen muss, dass die Beziehung auch die Qualitäten beinhaltet, die für ein gutes Lern- und Entwicklungsumfeld notwendig sind. Nach Nordenbo sind dies die Qualitäten Respekt, Interesse, Empathie und Toleranz. In ruhigen, stressfreien Momenten sind wir uns alle darüber einig. Ungleich schwerer ist es, diesem Anspruch gerecht zu werden, wenn der Tag in vollem Gange ist und die Lehrerin oder Pädagogin in vielen verschiedenen Situationen gleichzeitig gefordert ist. Dabei ist es gerade in solchen Momenten hilfreich, wenn der Lehrerin bewusst ist, dass sie die Verantwortung für die Qualität der Beziehung und für die Atmosphäre im Klassenzimmer oder in der Gruppe trägt – wie schwierig es auch erscheinen mag, eine konstruktive Stimmung zu schaffen (siehe Juul & Jensen, 2002).

Man muss sich selbst sehr gut kennen, um sich dieser Verantwortung stellen zu können. Als Lehrerin/Erzieherin sollte man sich dafür interessieren, seine eigenen Grenzen kennenzulernen, da sich diese sonst als Hindernisse für einen guten Kontakt zu den Kindern oder Jugendlichen erweisen können. Man sollte auch bereit sein, sich den Seiten seiner eigenen Persönlichkeit zu stellen, die einen guten Kontakt ver- oder behindern. Die Mechanismen sind im Umgang mit sich selbst die gleichen wie in der Beziehung zu anderen: Je mehr Seiten man bei sich selbst und bei dem anderen anerkennen kann, desto authentischer und näher wird die Beziehung, was wiederum die Möglichkeiten für eine konstruktive, für alle Seiten produktive Beziehung verbessert.

Der Sinn für die Gemeinschaft beginnt mit dem Sinn für das Individuum. Beziehungen zu Kindern sollten so gestaltet werden, dass die Kinder nicht den Kontakt zu sich selbst verlieren. Dazu kommt es häufig dann in der Beziehung zwischen Kindern und Erwachsenen, wenn Kinder im Namen der »guten Erziehung« zurechtgewiesen und ausgeschimpft werden. Der Schmerz, den das mit sich bringt, wird mit der Zeit dazu führen, dass das Kind aus sich selbst heraustritt, sich selbst und seinem Inneren immer fremder wird, um gerade diesen Schmerz zu vermeiden (Juul & Jensen, 2002). Das Gegenteil geschieht, wenn das Kind gesehen, gehört und ernst genommen wird. Genau daraus entsteht dann die Möglichkeit, dass das Kind selbst auch andere ernst nehmen und sie in ihrer Individualität sehen und hören kann.

Es verlangt viel Empathie – auch mit sich selbst – wenn man als Lehrerin/Erzieherin Kindern auf diese gleichwürdige und respektvolle Weise begegnen will – nicht zu vergessen die innere Ruhe und Ausgeglichenheit, um den Kontakt auch in konfliktbeladenen und herausfordernden Situationen zu wahren. An diesem Punkt kommt das bewusste Üben der Qualitäten Empathie, Präsenz und Aufmerksamkeit ins Spiel. Für den Professionellen ist das oft die einzige Möglichkeit, auch in herausfordernden Situationen den Kontakt mit sich und den Kindern/Jugendlichen zu halten. Und für Kinder ist es eine Chance, diese Qualitäten zu entwickeln und als Gabe für sich selbst und für die Gemeinschaften zu nutzen, denen sie ihr Leben lang auf verschiedene Weisen angehören werden. Für die Lehrerin und den Lehrer bedeutet die Entwicklung der oben genannten Qualitäten auch eine Entwicklung ihrer Beziehungskompetenz.

Empathie

Die Fähigkeit zur Empathie haben wir von Geburt an. Es ist eine natürliche Kompetenz, die sich aber am besten im persönlichen Kontakt und in der Beziehung zu anderen entwickelt. Deshalb sind Kinder davon abhängig, dass die Erwachsenen, die sie umgeben, Verständnis und Interesse dafür haben, diese besondere Kompetenz bei ihren Kindern zu entwickeln. Es ist an anderen Stellen abgehandelt worden, wie entscheidend frühkindliche Beziehungen und die neuroaffektive Abstimmung mit den Bezugspersonen für die Entwicklung von Empathie sind (siehe Brodén, 1991; Hart, 2009; Juul & Jensen, 2002; Stern, 1997 und 2004). Im Buch »Miteinander – Wie Empathie Kinder stark macht« (Bertelsen et al., 2012) wird erläutert, auf welche Weise Empathie als entscheidende Kompetenz dazu beiträgt, eine Reihe von globalen Problemen zu lösen, vor denen die Welt steht. Aber auch im kleineren Maßstab, zum Beispiel im Klassenzimmer, ist Empathie wichtig, wollen Lehrkräfte und Kinder einen guten Alltag haben, in dem alle Teil der Gemeinschaft sind. Die Fähigkeit zur Empathie kann durch die Beziehungen, die wir eingehen, das ganze Leben hindurch entwickelt werden. Leider ist aber auch das Gegenteil möglich. Es ist wichtig, dass man sich um die Bewahrung dieser natürlichen Kompetenz kümmert, denn es bedarf eines viel größeren Aufwandes, sie zurückzugewinnen, ist sie erst einmal verloren gegangen.

Empathie als das Vermögen, sich einzufühlen, die Empfindungen anderer zu erkennen und zu verstehen oder sich in ihre Rolle zu versetzen, ist wie gesagt wichtig, wenn es darum geht, die Beziehungen aufzubauen, die notwendig sind, um ein gutes Lern- und Entwicklungsumfeld zu schaffen. Für alle, die beruflich mit Kindern und Jugendlichen arbeiten, ist eine hohe Empathiefähigkeit als Ausgangspunkt wichtig. Aber im stressigen Alltag ist es für Kinder wie Erwachsene nicht leicht, ständig den Kontakt zu seinen empathischen Fähigkeiten zu bewahren. Betrachten wir zuerst den Lehrer oder Erzieher: Ist der Druck groß, zum Beispiel durch den gleichzeitigen Umgang mit zahlreichen herausfordernden Kindern, verliert auch der Lehrer/Erzieher leicht den Kontakt zu sich selbst und damit seine natürliche Fähigkeit zu Empathie und einfühlsamer Anerkennung. Unvoreingenommene einfühlsame Anerkennung kann auch als die Fähigkeit der Lehrerin bezeichnet werden, das Kind oder den Jugendlichen, der gerade vor ihm steht, zu sehen, wie er/sie ist, ihre Gefühle ernst zu nehmen, die Intention hinter ihren Handlungen zu erkennen und ihnen dabei zu helfen, den Kontakt zu sich selbst zu behalten. So gewinnen Kinder und Jugendliche dann selbst die Fähigkeit, Empathie und Mitgefühl für andere Menschen zu entwickeln. Deshalb ist es von zentraler Bedeutung, dass auch dem Lehrer/ Erzieher mit Empathie und Verständnis für seine Situation begegnet wird, sollte es ihm einmal schwerfallen, empathisch und anerkennend auf die Kinder/Jugendlichen zu reagieren, mit denen er gerade arbeitet. Rügen und Zurechtweisungen helfen auch Erwachsenen nicht, mehr Empathie zu zeigen.

Beziehungskompetenz

Beziehungskompetenz verstehen wir wie folgt:

> »Die Fähigkeit des Lehrers/Erziehers, das einzelne Kind von dessen eigenen Voraussetzungen her zu ›sehen‹ und sein eigenes Verhalten darauf abzustimmen, ohne dabei die Führung und die Verantwortung für die Qualität der Beziehung abzugeben, außerdem die Fähigkeit, im Kontakt authentisch zu sein.« (Juul & Jensen, 2002)

Das in dieser Definition verwendete Wort »sehen« beinhaltet die empathische Fähigkeit im persönlichen Kontakt mit einem anderen, während unter »im Kontakt authentisch sein« die empathische Fähigkeit im Bezug auf sich selbst gemeint ist. Also, dass man es wagt, zu sich selbst zu stehen, man selbst zu sein und sich selbst als denjenigen zu akzeptieren, der man in diesem Augenblick, in dieser Beziehung ist. Das schafft Vertrauen und Sicherheit und damit die Möglichkeit, offen zu sein und das Experiment zu wagen, seine eigenen kreativen Fähigkeiten zu nutzen und zu entwickeln.

Die Beziehungskompetenz der Erzieher und Erzieherinnen bildet die Basis für die Entwicklung eines Gemeinschaftsgefühls in Kinder- und Jugendgruppen. Nicht nur die oben genannte Empathie ist dabei wichtig, sondern auch die Fähigkeit und Bereitschaft der Erzieher und Lehrer, die Führungsrolle und die volle Verantwortung für die Qualität der Beziehung zu übernehmen. Die Messlatte für Toleranz, Respekt und gegenseitiges Interesse muss der Erzieher setzen. Sollen die Kinder lernen, Verantwortung für sich und auch für andere zu übernehmen, müssen die Erzieher mit ihrem Wesen und mit ihrem Tun mit gutem Beispiel vorangehen. Der Begriff der Beziehungskompetenz hat – deutet man ihn so – durch die Inklusion noch mehr an Relevanz gewonnen.

Inklusion

Mit dem Paradigmenwechsel von der Integration hin zur Inklusion stellt sich die Frage, inwieweit sich das Individuum an die Gesellschaft anpassen muss. Die Inklusion basiert auf dem Gedanken, dass sich die Gesellschaft verändern muss, damit jeder aktiv und sinnvoll an ihr teilhaben kann. Das heißt, dass der Rahmen dem Kind angepasst wird und nicht umgekehrt

(Madsen, 2009). Die Inklusion richtet damit einen neuen Fokus auf die Bedeutung der Gemeinschaft. Es sind nicht mehr die Eigenschaften des einzelnen Kindes, die darüber entscheiden, ob es inkludiert werden kann, sondern die Eigenschaften der Gemeinschaft (Andersen, 2013). Der Fokus hat sich damit vom Individuum auf die Gesellschaft verschoben, die nun gefordert ist, sich zu verändern und zu entwickeln (Hansen, 2006). Dabei können die hier vorgestellten Übungen helfen, da sie mit ihrer Ausrichtung auf Empathie, Respekt, Präsenz und Aufmerksamkeit die Möglichkeiten der Gemeinschaft für die Inklusion verbessern.

Aufmerksamkeit

Ein gutes Lern- und Entwicklungsumfeld ist verbunden mit der Fähigkeit, die Aufmerksamkeit bewusst zu steuern. Wir werden im Folgenden die unterschiedlichen Aufmerksamkeitsformen unter die Lupe nehmen (nach Hansen in Svinth, 2010, und Nielsen in Svinth, 2010):

- Die willkürliche, unmittelbare oder impulsive Aufmerksamkeit
- Die intentionale, willensgesteuerte Aufmerksamkeit
- Die integrierende Meta-Aufmerksamkeit
- Die breite, umfassende, aktive Aufmerksamkeit.

Die willkürliche, unmittelbare oder impulsive Aufmerksamkeit, bei der eine Person durch markante, plötzliche Ereignisse in der Umgebung völlig in Anspruch genommen wird, ist eine Reaktion auf kräftige und plötzliche Signale aus der Umgebung. Diese Form der Aufmerksamkeit ist für uns vor allem deshalb sehr interessant, da Signale, die für viele überhaupt nicht kräftig und störend sind, für einige andere eben doch so stark sind, dass sie ihren Fokus und ihre Aufmerksamkeit von der Aufgabe ablenken, mit der sie gerade beschäftigt sind.

Heute wird bei einem Teil von Kindern eine Aufmerksamkeitsstörung diagnostiziert, und viele Kinder reagieren auch tatsächlich heftig auf das, was gerade um sie herum passiert, wodurch es ihnen schwerfällt, weiterhin konzentriert auf eine Sache zu bleiben. Das kann mit der Aufmerksamkeitskultur der Schule (oder auch des Hortes) zu tun haben, was uns zu der *intentionalen, willensgesteuerten Aufmerksamkeit* führt: Kinder lernen im direkten Kontakt mit für sie bedeutsamen Erwachsenen, sich auf Dinge zu konzentrieren und dass es sich lohnt. Sie brauchen ausreichend Erfahrung im persönlichen Einzelkontakt mit Erwachsenen, die sie dabei unterstützen, ihre Aufmerksamkeit auf eine gegebene Aufgabe zu richten und dabeizubleiben, um diese Form der Aufmerksamkeit zu lernen:

> Das Erlernen der willensgesteuerten Aufmerksamkeit erfordert das fortlaufende Zusammenspiel mit Erwachsenen, welche die Welt gemeinsam mit den Kindern erleben: Fehlender 1:1-Kontakt zwischen Erwachsenen und Kindern ist eine der Ursachen dafür, dass viele »normal funktionierende« Kinder die willensgesteuerte Aufmerksamkeit in ihrer frühen Kindheit nicht ausreichend entwickeln. Fehlende metakognitive Kontrolle (das heißt die Aufmerksamkeit für die eigene Aufmerksamkeit, Anm. d. Übers.) führt dazu, dass Kinder und Erwachsene ihre Aufmerksamkeit nicht neu fokussieren können, wenn sie abzuwandern beginnt. (Nielsen in Svinth, 2010)

Lehrkräfte und Pädagogen können sich mit dem Wesen und der Kultur der Aufmerksamkeit beschäftigen, um Hilfestellung zu geben, wenn es Probleme mit der Fokussierung der Aufmerksamkeit gibt. Dies gilt gleichermaßen für Störungen durch einen plötzlichen Impuls und für ganz von allein abwandernde Aufmerksamkeit. Es ist im Übrigen ganz normal, dass die Aufmerksamkeit abschweift, und an dieser Tatsache kann und soll man auch nichts ändern. Wir können aber sehr wohl das Bewusstsein dafür schärfen, wann dies geschieht, und damit unsere Fähigkeiten verbessern, die Aufmerksamkeit wieder zurück auf die Aufgabe zu richten, mit der wir beschäftigt sind.

In der Schule lohnt es sich, den Fokus auf die Balance zwischen der nach innen gerichteten und der nach außen gerichteten Aufmerksamkeit zu legen. Wie schon an anderer Stelle erwähnt, ist der Alltag der meisten Menschen – auch der Schüler – überwiegend geprägt von einer nach außen gerichteten, handlungsorientierten Aufmerksamkeit, wohingegen die nach innen gerichtete Aufmerksamkeit, die durch innere Übungen trainiert werden kann und bei der sich die Aufmerksamkeit auf eigene innere Erlebnisse richtet, im Alltag oft unterrepräsentiert ist. Laut Nielsen (in Svinth, 2010) ist die Balance zwischen der nach außen und der nach innen gerichteten Aufmerksamkeit wichtig, da sie dem Kind hilft, eine weitere Aufmerksamkeitsform zu erlernen, nämlich die *integrierende Meta-Aufmerksamkeit*. Die integrierende Meta-Aufmerksamkeit wird als die Fähigkeit des Kindes definiert, sich selbst wahrzunehmen, seinen eigenen Zustand zu erkennen und sich entsprechend zu verhalten. Damit entwickelt es Selbsteinsicht und inneren Kontakt, das heißt die Fähigkeit, in sich zu ruhen. Die Entwicklung dieser Qualitäten hängt eng zusammen mit der Entwicklung der sogenannten exekutiven Funktionen, die ein Teil der Steuerungsfunktionen im Frontallappen des Gehirns, dem Zentrum des Denkens, der Gefühle und der Motivation, sind (Svinth, 2010). Oder auf andere Weise gesagt:

> Exekutive Funktionen sind innere Steuerungswerkzeuge, die die einzelne Person anwendet, um ihre Aufmerksamkeit, ihre Reaktionen, ihre Verhaltensweisen und ihre Problemlösungsstrategien zu regulieren. (Nielsen in Svinth, 2010)

Viele der herausfordernden Kinder und Jugendlichen, denen wir in der Schule begegnen, haben Diagnosen, die erkennen lassen, dass ihre exekutiven Fähigkeiten nicht optimal entwickelt sind. Deshalb ist es wichtig, eine Art des Miteinanders in der Schule zu finden, bei der die Balance zwischen der nach innen und der nach außen gerichteten Aufmerksamkeit wiederhergestellt werden kann. Ein Training fürs Leben und ein großes Geschenk sowohl für die Kinder und Jugendlichen, die diese Schwierigkeiten haben, als auch für alle anderen Kinder und Jugendlichen der Gemeinschaft.

Die letzte Aufmerksamkeitsform ist *die breite, umfassende, aktive Aufmerksamkeit* ohne konkreten Fokus auf etwas Bestimmtes. Sie ist gerade dann wichtig, wenn es darum geht, an einem hektischen Schultag die Balance zu wahren. Sie ist nicht leicht zu erkennen, weil wir unsere Aufmerksamkeit fast immer auf etwas Bestimmtes richten, wie oben in Verbindung mit den beiden anderen Aufmerksamkeitsformen beschrieben.

> Normalerweise ist die Aufmerksamkeit fokussiert; sie ist erfüllt von Inhalt, wie ein Spiegel erfüllt ist von dem Bild desjenigen, der sich ihm zuwendet. (Bertelsen, 2010)

Innezuhalten und sich darüber bewusst zu werden, wo seine Aufmerksamkeit gerade ist und ob man überhaupt aufmerksam ist, hilft, der Aufmerksamkeit mehr Präsenz und Wachheit zu geben. Diese Form der Aufmerksamkeit ist in der Lernsituation ungeheuer wichtig, weil sie die Möglichkeit schafft,

Präsenz und Gegenwärtigkeit zu entwickeln – eine grundlegende Voraussetzung sowohl für echten Kontakt in der Beziehung als auch für die eigene mentale Klarheit und Kreativität.

Gegenwärtigkeit und Präsenz

Präsenz ist also eng mit Aufmerksamkeit verbunden. Eine der wichtigsten Eigenschaften im Kontakt mit anderen Menschen ist dabei die Gegenwärtigkeit, d.h., mit ganzer Seele anwesend zu sein. Dies ist nicht nur für denjenigen von Bedeutung, mit dem man zusammen ist, sondern auch für einen selbst. Es kommt darauf an, in Kontakt mit seiner eigenen Empathie zu sein, seiner Entscheidungskraft und seinem Urteilsvermögen – und in professionellen Situationen auch mit seinem fachlichen Wissen. Im Jetzt, im Augenblick des eigentlichen Kontakts zwischen Menschen, liegt eine ungeheure Kraft. Daniel Stern nennt diese Augenblicke »now moments« (Stern 2010).

Ich habe viele Jahre lang Therapeuten ausgebildet. Das Wichtigste in ihrem Beruf ist es, den Kontakt zu halten und in allen drei Bereichen gegenwärtig und aufmerksam zu sein: aufmerksam auf den anderen, auf sich selbst und konzentriert auf das eigene fachliche Wissen.

Das Gleiche gilt auch für Unterrichtssituationen. Je ausgeglichener die Balance zwischen der nach innen und der nach außen gerichteten Aufmerksamkeit des Lehrers ist – zwischen Kopf und Herz ebenso wie zwischen fachlichem Wissen und persönlichem Sein –, desto leichter fällt es, die Qualitäten Respekt, Interesse, Empathie und Toleranz, die ein positives Lernumfeld fördern, in die Beziehung einzubringen.

Das klingt einfach, ist es aber nicht immer. Die meisten von uns haben im Laufe ihres Lebens den Kontakt zu sich selbst auf unterschiedliche Weise und in unterschiedlichen Bereichen verloren. Und vielleicht ist dabei auch der natürliche Kontakt in Vergessenheit geraten, den wir einmal zu unseren eigenen Ressourcen, unseren natürlichen Kompetenzen hatten: der natürliche Kontakt zu Herz, Körper, Atmung, Bewusstsein und Kreativität, den wir bei ganz kleinen Kindern sehen. Er ist verloren gegangen, weil wir uns unterwegs vor dem Schmerz schützen mussten, der eben auch auf dem Weg des Erwachsenwerdens, der Entwicklung des eigenen Ichs und der Persönlichkeit lauert. Ich meine damit die Momente, in denen wir vor Schreck den Atem anhalten mussten oder alle Gefühle verdrängt haben, weil Körper und Herz einfach zu wehtaten. Oder die Situationen, in denen wir weit weg waren – weit aus unseren Körpern herausgetreten waren, also weit neben uns standen –, weil wir einfach nicht ertragen konnten, was um uns herum geschah oder was zu uns gesagt wurde.

Ich habe früher gemeinsam mit Jesper Juul beschrieben (Juul & Jensen, 2002, dt.: 2009), wie der Verlust des Kontakts zu seinem Selbstgefühl – weil die Aufrechterhaltung dieses Kontakts einfach zu schmerzhaft gewesen wäre – mit der Zeit dazu führen kann, dass einem Seiten seiner eigenen Persönlichkeit fremd werden, weil man sich von diesen schmerzhaften Erfahrungen distanzieren muss. Mit anderen Worten: Um weiterhin Teil der für das Kind lebensnotwendigen Gemeinschaft zu sein, haben wir uns den Ansprüchen der Umgebung und den Erwartungen an uns angepasst, sodass wir unterwegs unsere eigenen Integrität verloren haben – uns selbst.

Die Wege zurück zu einem besseren Kontakt zu sich selbst sind vielfältig, und in diesem Buch werden wir uns ausgehend von Beispielen mit den Wegen beschäftigen, die auch in einem professionellen Kontext beschritten werden können. Diese Wege bestehen aus Übungen, die den Kontakt zu den natürlichen Kompetenzen stärken, aus Supervision und aus Gesprächen.

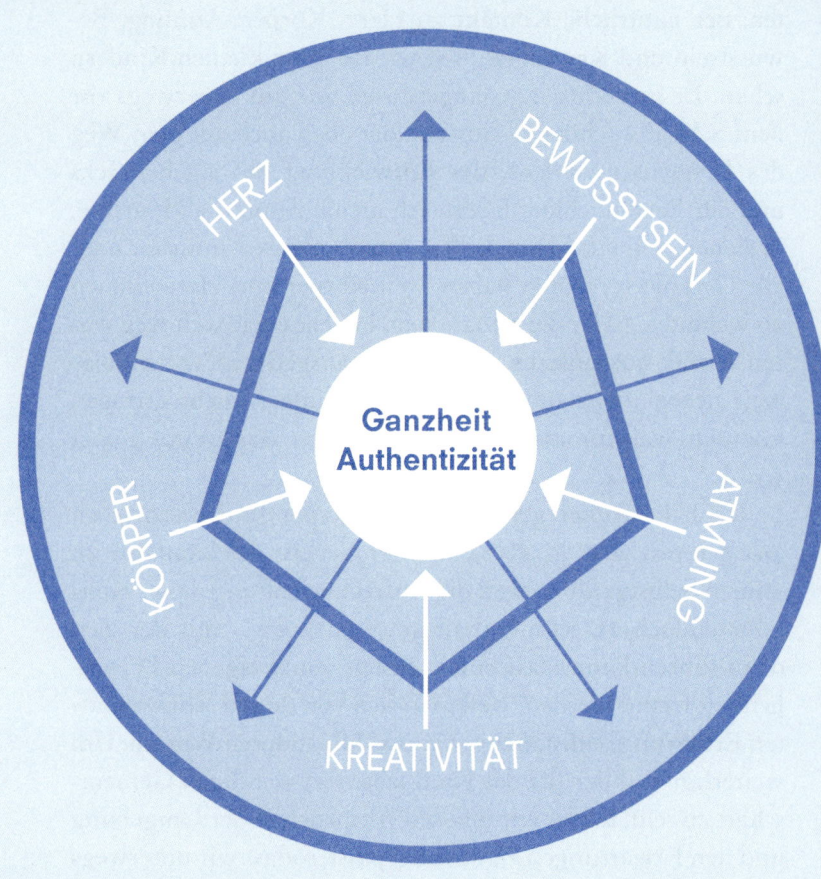

Kapitel 2

Die natürlichen Kompetenzen: Das Pentagramm

Es hat seinen Reiz, etwas vorzuschlagen, das auf etwas beruht, was wir alle schon können. Will man Werkzeuge entwickeln, um an einem lebhaften, anstrengenden Tag die Balance zu halten, geht es eigentlich nur darum, den Menschen zu helfen, sich an die natürlichen Kompetenzen zu erinnern, mit denen wir auf die Welt gekommen sind, und Methoden zu finden, diese Kompetenzen zu wecken, damit sie uns erneut unterstützen können, unsere Empathie und unser Mitgefühl mit anderen, unsere wache, klare Aufmerksamkeit und unser »In-sich-selbst-Ruhen« zu stärken.

Die Inspiration und die theoretische Grundlage für unsere Arbeit mit den natürlichen Kompetenzen kommen von Jes Bertelsen (Bertelsen, 2010, 2012, 2013). In seiner langjährigen Arbeit mit Meditation und meditativem Training hat er aufgezeigt, dass verschiedene spirituelle Traditionen über Jahrtausende hinweg auf das Erreichen von Empathie, Aufmerksamkeitsklarheit und »In-sich-selbst-Ruhen« ausgelegt sind. Ihre Grundlage haben diese verschiedenen Traditionen im Erinnern an die *natürlichen Kompetenzen*. Diese können durch Übungen trainiert werden, damit sie auch dann zur Verfügung stehen, wenn das Leben uns mit den unterschiedlichsten Impulsen herausfordert und viel von uns fordert.

In diesem Zusammenhang arbeiten wir mit den fünf natürlichen Kompetenzen: Herz, Bewusstsein, Körper, Atmung und Kreativität, die in folgendem Pentagramm beschrieben sind.

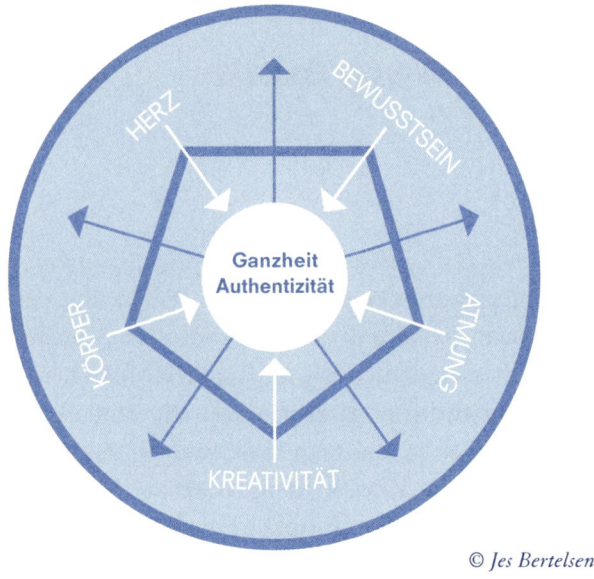

© Jes Bertelsen

Stellen wir uns für einen Moment einen Säugling vor, der vollkommen entspannt daliegt und natürlich und tief atmet. Bei jedem Atemzug bewegt sich sein ganzer Körper, sein Blick ist wach und sein Gesicht und seine Körperhaltung sind offen – das heißt vorbehaltlos. Er bringt seiner Umgebung eine ganz natürliche Offenheit entgegen und reagiert auf diese entsprechend den Impulsen, die er von innen und von außen erhält. Dieses Bild ist ein Beispiel für die natürlichen Kompetenzen, wenn sie alle gleichzeitig aktiv sind.

Ausgehend von diesem Bild haben wir hoffentlich die Sorge entkräftet, dass wir Erzieherinnen und Lehrerinnen schon wieder in die Pflicht nehmen wollen, etwas Neues zu lernen und dies dann an die Kinder und Jugendlichen weiterzugeben. Stattdessen geht es darum, ein Bewusstsein für die natürlichen Kompetenzen zu schaffen, sich an sie zu erinnern und sie wiederzuentdecken, um sie als Fundament für ein gutes Lern- und Entwicklungsumfeld anzuwenden. Und da ein solches Fundament für Lehrer und Erzieher ebenso wichtig ist wie für Schüler und Kinder, fördern die Übungen gleichermaßen die Lernbereitschaft der Kinder und die Möglichkeit der Erzieher und Lehrer, ein gutes Lernumfeld zu schaffen.

Die fünf natürlichen Kompetenzen sind die Eckpunkte des Pentagramms, gleichzeitig aber auch die Übergänge, die das Zentrum des Kreises mit dem Außenbereich verbinden. Im Zentrum des Pentagrams stehen »Ganzheit und Authentizität«. Bei der Arbeit mit Nähe, Präsenz und Empathie in der Schule interessieren wir uns besonders für die Entwicklung der Authentizität. Der Begriff leitet sich von dem Wort »autos« ab, der so viel wie »selbst« bedeutet. Authentisch sein wird definiert als echt sein, wahrhaftig oder zuverlässig. Das Wahre oder Echte gilt als Synonym für Authentizität (www.denstoredanske.dk). Das Selbst ist natürlich keine konstante Größe, sondern das ganze Leben hindurch in Entwicklung, sodass der authentische Ausdruck einer Person heute nicht notwendigerweise der gleiche sein muss wie morgen oder in fernerer Zukunft.

Wir entwickeln uns das ganze Leben hindurch, und bei Kindern und Jugendlichen ist diese Entwicklung auch bedingt durch die biologische Reifung und Entwicklung des Gehirns; dies wird wiederum beeinflusst von den Beziehungen und dem Umfeld, in dem die Entwicklung des Kindes stattfindet. Während es bei seiner Geburt in vollem Kontakt zu seinen natürlichen Kompetenzen steht, muss das Kind in seinem ersten Lebensjahr etwas von diesem Kontakt hergeben, um ein funktionsfähiges Ich zu werden. Das heißt, es gibt etwas von seiner »Ganzheit« ab, um all die Fähigkeiten zu erlernen, die man als Mensch haben muss. Wenn ich im Buch die Bezeichnung »außerhalb von sich stehen« benutze, meine ich damit, dass wir in dem Prozess, ein funktionstüchtiges Ich zu werden, häufig den authentischen Kontakt zu uns selbst verlieren oder dieser sich abschwächt, und genau an diesem Punkt kann die Arbeit mit den natürlichen Kompetenzen helfen, diese zu bewahren und die Persönlichkeit und das »In-sich-Ruhen« zu entwickeln. Die Erfahrung zeigt, dass man bei diesem Prozess nicht den Kontakt zu sich zu verlieren braucht, sondern dass man ihn im Gegenteil durch die Übungen, die ihren Ausgangspunkt in den natürlichen Kompetenzen haben, bewahren kann.

Das Ziel ist es, Nähe, Präsenz, Empathie und Aufmerksamkeit zu entwickeln, und die natürlichen Kompetenzen werden dafür als Fundament oder Eingangspforte angesehen. Die natürlichen Kompetenzen werden auch als »Flowport« bezeichnet (Bertelsen, 2010), wir haben uns aber entschieden, in diesem Buch an dem Begriff »natürliche Kompetenzen« festzuhalten. In der Folge wollen wir uns die einzelnen Kompetenzen der Reihe nach anschauen:

Herz: Wir werden alle mit einem Herzen geboren (versuchen Sie mal, es jetzt in diesem Moment zu spüren), dank dem wir von unseren Gefühlen her die Fähigkeit besitzen, zu mögen und gemocht zu werden. Bezogen auf unsere Nächsten können wir von der Fähigkeit zur Liebe sprechen. In privaten wie auch in professionellen Beziehungen geht es um die Fähigkeit, Vertrauen, Freundlichkeit, Anerkennung, Akzeptanz, Mitgefühl und Einfühlungsvermögen zu zeigen und entgegenzunehmen. Aus der Entwicklungspsychologie wissen wir, dass es für die Entwicklung von Lebensfreude, Selbstwertgefühl und Lebenstauglichkeit ungeheuer wichtig ist, dass einem mit den oben genannten Qualitäten begegnet wird. Des realen Bedürfnisses, zu geben und Sympathie zu empfinden, sind wir uns vielleicht nicht ganz so bewusst, aber die meisten kennen die davon ausgehende Freude. Es sind diese Liebe und Freundlichkeit, zu denen man Kontakt behält, wenn man bewusst mit seinem Herzen und dessen Qualitäten umgeht.

Bewusstsein: Wir alle sind mit einem wachen Bewusstsein auf die Welt gekommen – der Fähigkeit, alles um uns herum wahrzunehmen. In dem Kapitel über die Aufmerksamkeit ist diese natürliche Kompetenz als die Fähigkeit beschrieben worden, sich seiner Aufmerksamkeit bewusst zu sein und zu spüren, dass sie die ganze Zeit über da ist. Man kann es trainieren, indem man auf Pausen achtet, zum Beispiel die Pause zwischen dem Ein- und dem Ausatmen oder die Pausen – seien sie nun länger oder kürzer – zwischen zwei Gedanken. Indem man die Aufmerksamkeit auf diese Pausen richtet und ihnen mehrmals täglich Raum gibt – zum Beispiel jetzt –, kann man das Verankertsein im Hier und Jetzt und damit die Präsenz und die Aufmerksamkeit fördern. Man kann die Aufmerksamkeit auch auf die allgemeine Aufmerksamkeit richten, wie es im Kapitel Aufmerksamkeit beschrieben wurde. Die Erfahrung zeigt, dass man die Aufmerksamkeit allein schon dadurch vertiefen kann, dass man sich ihrer bewusst wird.

Körper: Wir werden alle mit einem Körper geboren und dieser Körper begleitet uns unser ganzes Leben. Er befindet sich immer in der Gegenwart, niemals in der Vergangenheit oder Zukunft, weshalb es gut ist, in Kontakt zu ihm zu sein, wenn es um die Verankerung im Jetzt geht. »Entspannte Konzentration ist der optimale psychische Zustand für das Lernen« (Terjestam, 2011). Auch deshalb ist es wichtig, etwas zu tun, um das Körperbewusstsein der Kinder zu fördern. Manche Erwachsene neigen dazu, im Laufe des Tages viel Energie zu verbrauchen, weil sie sich nicht dessen bewusst sind, dass sie ihren Körper anspannen; zum Beispiel, wenn sie Aufgaben erledigen, die ihre Konzentration erfordern oder sie nervös machen. Diese Anspannungen können den Kontakt zum eigenen Körper blockieren. Viele Lehrer berichten, dass zum Beispiel Termine mit Eltern, die eine hohe Konzentration erfordern, mit wippenden Knien, steifen Schultern oder verkrampften Bauchmuskeln einhergehen. Aber auch viele Kinder und Jugendliche sind in ihrem hektischen Alltag angespannt und verhindern dadurch, dass ihr Lern- und Entwicklungspotenzial voll ausgeschöpft wird.

Deshalb ist es wichtig, sich bei all den still sitzenden Aktivitäten in der Schule und zu Hause vor dem Computer sich seines Körpers zu erinnern – zum Beispiel jetzt. Man kann sich bewusst werden, wie der Zustand des Körpers ist, indem man seine Aufmerksamkeit auf verschiedene Bereiche im Körper richtet und auf Ruhe oder Bewegung achtet. Auf die gleiche Weise kann man Kinder schulen, damit sie den Kontakt zu ihrem Körper nicht verlieren. Der Begriff, neben sich zu stehen oder ganz außer sich zu sein, den wir manchmal für einen Menschen benutzen, der nicht erreichbar, sondern verwirrt und frustriert ist, spricht die Erfahrung an, dass ein solcher Mensch den Kontakt zu sich selbst verloren hat. Der Kontakt kann neu gewonnen und gestärkt werden, indem man den Betreffenden berührt, zum Beispiel mit einer leichten Schultermassage. Der Kontakt kann auch gestärkt werden, indem man spielerisch darauf achtet, sich zu bewegen, und sich dabei darauf konzentriert, wie sich das auf den Körper auswirkt.

Atmung: Auch das Atmen begleitet uns unser Leben hindurch. Wenn wir unsere Aufmerksamkeit nach innen richten, ist die Atmung ein guter Anker. »Entspannung lindert den negativen Effekt von Stress bei Kindern«, und: »Kinder brauchen Pausen von äußeren Sinnesreizen«, schreibt Svinth (2010). Die Atmung kann man nutzen, wenn man entspannen und Pause machen will. Sie ist die ganze Zeit über da, warum also nicht einmal auf sie hören und sie ganz bewusst spüren. Die Atmung schafft eine Bewegung in der Körpermitte und an den Seiten des Körpers, und das Beachten und Spüren der Atmung und der dadurch ausgelösten Bewegung hilft, den Kontakt zur Mitte des Körpers zu finden, und führt zu einer ausgeglicheneren Balance zwischen nach innen und außen gerichteter Aufmerksamkeit. Häufig bewirkt die bloße Aufmerksamkeit auf die Atmung bereits, dass wir tiefer atmen, wodurch das parasympathische Nervensystem, ein Teil des autonomen Nervensystems, aktiviert wird, das uns hilft, herunterzuschalten. Wir werden später noch auf das »Herunterschalten« als Werkzeug für Aufmerksamkeit, Empathie und innere Ruhe zu sprechen kommen. Schon so etwas Einfaches, wie sich ein paar Minuten lang auf seine Atmung zu konzentrieren, kann einen äußerst positiven Effekt auf die biochemischen Reaktionen des ganzen Körpers haben (Bech et al., 2012).

Kreativität: Wir kommen alle mit kreativen Grundfähigkeiten auf die Welt. Für gewöhnlich verstehen wir Kreativität als eine bestimmte Fähigkeit oder eine bestimmte Ausdrucksform – dass man als Künstler kreativ ist, als Tänzer, als Autor usw. Wir hingegen verstehen den Begriff etwas breiter, als eine Art Grundkreativität: Wir alle empfangen unablässig Impulse, auf die wir reagieren und auf die wir unser Handeln ausrichten. Allein schon darin liegt eine schöpferische Tätigkeit, die wir als Kreativität bezeichnen und die *allen Menschen* gegeben ist. Bewusst werden können wir uns dieser Kompetenz, wenn wir an unseren Körper denken, der sich ununterbrochen bewegt und verändert, oft ganz ohne unser Bewusstsein. Oder denken wir an unsere Sprache:

Wir sollten uns bewusst werden, und auch die Kinder darauf aufmerksam machen, dass wir, wenn wir auf eine Frage antworten, ja immer, wenn wir sprechen, kreativ handeln. Beim Sprechen schaffen wir Gebilde aus Wörtern, die zuvor noch nicht existiert haben. Wir tun dies augenblicklich und natürlich und in der Regel, ohne darüber nachzudenken. (Jensen et al., 2012)

Interessant ist in diesem Zusammenhang, dass man Pausen einlegen kann, in denen sich die Aufmerksamkeit auf den Ursprung der Kreativität richtet. Die Impulse kommen dabei aus drei Hauptbereichen: Geist, Körper und Sinne (Bertelsen, 2010). Woher kommt zum Beispiel der Impuls, jetzt weiterzuschreiben? Oder den rechten Fuß zu bewegen? Oder woher kommt der Impuls, etwas zu ändern, wenn man als Lehrer oder Pädagoge mit einer Gruppe von Kindern zusammen ist? Oder warum verliere ich manchmal meine kreativen Fähigkeiten, sodass ich nicht mehr weiterweiß?

Es ist gut, auf all diese Dinge aufmerksam zu sein, wenn man die kreativen Kompetenzen bewusster nutzen will. Und das macht auch Sinn, da alles darauf hindeutet, dass ein Verständnis von Kreativität in diesem Sinn Kompetenzen berührt, die die Gesellschaft der Zukunft wirklich dringend benötigt.

Gleichzeitigkeit und Pausen

Wir werden später im Buch einige Übungen vorschlagen, in denen eine oder mehrere der natürlichen Kompetenzen angesprochen werden, um Empathie, Aufmerksamkeit und Präsenz zu entwickeln. Zuerst wollen wir aber ein paar Prinzipien nennen, um die effiziente Ausrichtung der Übungen zu wahren: Diese wird nämlich präziser, wenn man langfristig mindestens drei der vorgeschlagenen Kompetenzen gleichzeitig anspricht. (Man muss das nicht gleich von Beginn an machen, da es ja erst einmal darum geht, den Kontakt zu den einzelnen Kompetenzen wiederherzustellen.) Es ist in etwa so, wie wenn man einen Punkt in einem Raum bestimmen will: Damit dies möglich ist, braucht man drei Koordinaten. Wir werden entlang den Übungen zeigen, dass es gar nicht so schwer ist, verschiedene Bereiche zu kombinieren. Das kommt von ganz allein, zum Beispiel wenn man auf Körper und Atmung achtet und sich dieses Tuns bewusst ist oder wenn man Körper und Atmung spürt und gleichzeitig an etwas denkt oder etwas spürt, für das man dankbar ist. Versuchen Sie es selbst.

Ein anderer wichtiger Aspekt des Übens ist die Pause. Allein schon das Spüren der Pause ermöglicht es einem, herunterzuschalten und sich der inneren Ruhe ein Stückchen zu nähern. Es ist wichtig, dies mehrmals im Laufe eines Tages zu tun, um die natürliche Elastizität des Nervensystems zu bewahren, damit es nicht die ganze Zeit über hocherregt ist und sich in ständiger Alarmbereitschaft befindet. Spürt man die Pausen, kommt es häufig ganz spontan zu einer Entspannung und zu einer tieferen Atmung, beides wichtige Impulse, um den Teil des autonomen Nervensystems zu aktivieren, der das Tempo drosselt und die Reizbarkeit reduziert. Pausen haben damit stressvorbeugende Wirkung und helfen, die Aufmerksamkeit zu schärfen und sie mit neuer Energie zu versehen. Wir haben bei der Beschreibung der Kompetenz »Bewusstsein« die Bedeutung des Innehaltens und des Pause-Spürens zwischen dem Ein- und Ausatmen und zwischen einem Gedanken und dem nächsten angesprochen. Hinzufügen sollte man noch die Pausen zwischen den unterschiedlichen Tätigkeiten, in denen man einfach für eine Weile alle möglichen Impulse kommen lassen und Gedanken und Gefühle vorbeiziehen lassen und beobachten sollte wie die Wolken am Himmel.

Training

Die Übungen, die wir im Folgenden vorschlagen, wirken am besten bei regelmäßigem Training, idealerweise täglich oder mehrmals die Woche. Man muss natürlich nicht immer alle Übungen machen, es reicht eine Auswahl von etwa 5 bis 25 Minuten pro Tag (oder an den Tagen, an denen man seine Übungen machen will). Es versteht sich natürlich von selbst, dass Erwachsene, die solche Übungen an Kinder und Jugendliche vermitteln wollen, selbst eine gewisse Erfahrung mit diesen Übungen brauchen.

Für viele ist es einfacher, sich die Übungen durch die Teilnahme an einem Kurs direkt erklären und beibringen zu lassen (beachten Sie die Hinweise hinten im Buch). Danach kann man die Übungen, die einen am meisten ansprechen, selbst auswählen und sein persönliches, regelmäßiges Training zusammenstellen. Anfangs trainieren viele allein, aber man kann das auch in einer Gruppe mit anderen Erziehern oder Lehrern tun, wenn man genügend Platz und Ruhe hat. Ist man mit den Übungen dann richtig vertraut, kann man beginnen, sie anderen zu vermitteln. Zu Beginn ist es sicher gut, sie erst einmal anderen Erwachsenen vorzustellen, zum Beispiel Kollegen oder den anderen in der Trainingsgruppe, um ein Gespür dafür zu bekommen, wie es ist, in diese Übungen einzuweisen. Erst danach sollte man sie den Kindern und Jugendlichen nahebringen, mit denen man arbeitet.

Zugang zu den natürlichen Kompetenzen

Mit der Zeit werden die Übungen – wenn man sie regelmäßig durchführt – zu einem Teil des Tagesablaufs, und das hilft, die eigene Aufmerksamkeit, Präsenz und Empathie zu entwickeln. Trotzdem wird es ein Problem bleiben, in herausfordernden Situationen die Balance zu wahren. Deshalb macht es Sinn, einen Blick auf den Zugang des Einzelnen zu den verschiedenen natürlichen Kompetenzen zu werfen. Immer wenn wir in Kursen und Seminaren diese Übungen vorstellen, wird deutlich, dass die unterschiedlichen natürlichen Kompetenzen bei einzelnen Menschen unterschiedlich zugänglich sind. Manche Menschen sind tief in ihrem Körper verankert, andere in ihrer Atmung, und wieder andere können auch in herausfordernden Situationen gut den Kontakt zu Empathie und Herz bewahren. Und es gibt Menschen, die, auch wenn alles um sie herum im Chaos versinkt, den Überblick behalten, die klare Aufmerksamkeit und die Kreativität.

Es ist ebenso interessant wie bereichernd für den Einzelnen, das Bewusstsein dafür zu schärfen, was passiert, wenn er oder sie sich in einer herausfordernden Situation verliert. Ich führe häufig Supervisionsgespräche, die den Begriff der Beziehungskompetenz und die fünf natürlichen Kompetenzen des Pentagramms als Basis oder Rahmen haben. Ich gehe dabei eine schwierige Situation durch, die der Erzieher/Lehrer angesprochen hat, und bitte den Betreffenden, die ganze Situation noch einmal minutiös zu schildern, speziell mit einem Blick auf sich selbst und seine eigenen Reaktionen. In diesen Momenten wird den Erziehern und Lehrern häufig bewusst, wo sie den Kontakt zu ihren natürlichen Kompetenzen und damit selbstverständlich auch zu ihrer natürlichen Autorität und Authentizität verloren haben. Oft fehlt gar nicht viel, damit der Betreffende in der nächsten, ähnlichen Situation anders und konstruktiver reagiert. Manchmal reicht schon eine bestimmte Übung, die der Betreffende ausführt, zum Beispiel bevor er/sie in die Klasse geht, oder die er/sie gemeinsam mit der Klasse machen kann. Ich werde im Folgenden eine einfache Übung für jede der natürlichen Kompetenzen vorstellen.

Kapitel 3

Die fünf Grundübungen

Die folgenden Übungen sind Beispiele dafür, wie man mithilfe der fünf natürlichen Kompetenzen seine Aufmerksamkeit nach innen richten kann. Allen Übungen ist gemeinsam, dass es kein richtiges oder falsches Vorgehen gibt, man muss fühlen, in sich gehen und auf seine Empfindungen vertrauen. Der Fokus der Übungen liegt auf dem Fühlen – auf dem »Nach-innen-Gehen« – und eben nicht auf dem, *was* man spürt.

Noch eine kurze Anmerkung zu den Anleitungen. Wir verwenden in den Übungen als Anrede fast immer »du« anstelle des distanzierenden »Sie«, weil wir die Erfahrung machen, damit eine persönliche Verbindung aufzubauen, durch die der Übungseffekt gesteigert wird. Auch bei der Arbeit mit der ganzen Klasse macht es Sinn, die persönliche und nicht die Gruppenansprache zu verwenden.

Übung 1 – HERZ

- Setze dich bequem hin.

- Lege deine rechte Hand auf das Herz und die andere Hand auf die rechte Hand.

- Spüre, wie die Hand deine Brust berührt. Spüre den Bereich deines Herzens und wie deine Brust sich hebt und senkt.

- Versuche, mit deinen Händen die Herzschläge zu spüren. Kannst du dein Herz schlagen hören?

- Konzentriere dich jetzt auf die Gegend rund ums Herz. Wie fühlt es sich an? Kannst du eine Stimmung empfinden? Ein Gefühl? Etwas Physisches? Ist die Temperatur anders oder entspricht sie der im restlichen Körper? Oder empfindest du noch etwas anderes?

  Spüre, was in der Herzregion vor sich geht – für die Frage, wie man das macht, gibt es keine Regeln. Spüren Sie nichts, ist auch das in Ordnung. Wichtig ist nur, dass Sie Ihre Aufmerksamkeit auf Ihr Herz richten.

Übung 2 – BEWUSSTSEIN

- Setze dich bequem hin.

- Spüre nach, wie du sitzt. Wie empfindest du den Raum, in dem du sitzt, und wie empfindest du die anderen Menschen, die sich darin befinden (sollte dort jemand sein). Du sollst keinen Kontakt aufnehmen oder etwas tun, sondern dir einfach bewusst werden, wie du sitzt, wo du sitzt und wer noch dort ist.

- Du bist jetzt in diesem Raum anwesend, gemeinsam mit den anderen Menschen.

- Richte deine Aufmerksamkeit jetzt auf deine Gedanken. Versuche, deine Gedanken zu erfassen. Beachte ihren Verlauf: Sie entstehen, haben einen Inhalt und verschwinden wieder.

- Lass deine Gedanken ziehen wie Wolken am Himmel, sie kommen und gehen in verschiedenem Tempo und in unterschiedlicher Größe.

- Du wirst bestimmt unterwegs bemerken, wie deine Gedanken dich ablenken und wie du von ihnen gefangen genommen wirst.

- Wenn du spürst, dass ein Gedanke dich ablenkt, kehre zurück in die rein beobachtende Position.

- Bleibe eine Weile dort.

- Irgendwann wirst du vielleicht bemerken, dass es zwischen den Gedanken Pausen gibt. Versuche einen Moment lang möglichst unangestrengt, diese Pausen wahrzunehmen.

- Konzentriere dich ein paar Minuten auf diese Übungen.

Übung 3 – KÖRPER

- Setze dich bequem hin. Spüre, wie der Stuhl deinen Körper auf der Rückseite der Beine, am Gesäß und vielleicht auch am Rücken stützt. Spüre die Schwere deines Körpers. Spüre, wie der Stuhl das Gewicht deines Körpers trägt.

- Richte nun deine Aufmerksamkeit auf deine Wirbelsäule und folge ihr vom Steißbein bis hinauf zum obersten Halswirbel. Spüre die Krümmung deiner Wirbelsäule. Und spüre, wie dein Rückgrat sie aufrecht hält.

- Richte deine Aufmerksamkeit nun auf deinen Kopf. Spüre, ob es Verspannungen gibt und ob es dir möglich ist, zu entspannen. Spüre dein Gesicht: Stirn, Schläfen, den Bereich rund um die Augen, Kiefer, Lippen und Nacken. Spüre, wie der Kopf wie ein Ball auf der Wirbelsäule sitzt. Du kannst den Kopf etwas bewegen und genau auf der Wirbelsäule platzieren.

- Lass deine Aufmerksamkeit nun durch deinen Körper nach unten gleiten. Vom Becken weiter nach unten in deine Beine und bis in deine Füße.

- Spüre den Kontakt deiner Füße mit dem Boden. Achte darauf, wie der Boden deine Füße trägt und wie deine Füße sich auf den Boden stützen.

- Kehre dann zurück zu deinem Schulterbereich. Folge mit deiner Aufmerksamkeit deinen Armen bis in deine Hände.

- Spüre den Kontakt zwischen deinen Händen und dem Ort, auf dem sie ruhen. Spüre die Schwere deiner Hände und wie deine Hände von dem, was unter ihnen ist, aufgenommen werden.

- Versuche nun, ob du deine Aufmerksamkeit auf Kopf, Füße, Hände und Wirbelsäule verteilen kannst. So hast du deinen Fokus sowohl im Zentrum als auch an der Peripherie deines Körpers.

- Fahre ein paar Minuten fort, die Aufmerksamkeit sowohl im Zentrum als auch an der Peripherie des Körpers zu haben.

Übung 4 – **ATMUNG**

- Setze dich bequem hin.

- Achte auf deine Atmung. Spüre, dass du ein- und ausatmest.

- Spüre, wie die Atmung deinen Körper bewegt. Achte darauf, wo dein Körper sich bewegt: Bauch, Brust, Unterleib, andere Bereiche.

- Beachte das Tempo deiner Atmung. Holst du schnell oder langsam Luft?

- Atmest du stoßweise oder in einer langsamen, gleitenden Bewegung?

- Achte nun darauf, ob deine Atmung sich verändert hat, seit du mit der Übung begonnen hast. Wie hat sie sich verändert, sollte sie sich verändert haben? Denke daran, dass es keine Vorschriften gibt. Du atmest, wie du atmest.

- Aber vielleicht spürst du, dass es eine Pause zwischen dem Ein- und Ausatmen gibt. Einen kurzen Augenblick vollkommener Ruhe.

- Atme ein – Pause – atme aus – Pause.

- Mach diese Übung einige Minuten lang.

Übung 5 – **KREATIVITÄT**

- Setze dich bequem hin.

- Geh in den nächsten Minuten dem nach, was in deinem Körper und deinem Geist geschieht. Werde dir der vielen Impulse bewusst, welche die ganze Zeit über auf dich einwirken. Versuche, offen, neugierig und aufnahmebereit für diese Impulse zu sein.

- Das bedeutet, dass du die Impulse nur wahrnehmen sollst, nicht aber auf sie reagieren.

- Wir beginnen mit den Sinnen.

- Spüre deinen Körper. Sitzt du gut? Wie fühlt dein Körper sich an? Kribbelt es? Ist dir warm oder kalt? Tut dir irgendwo etwas weh oder fühlst du dich wohl? In welcher Weise wohl? Achte auf all die Impulse, die dein Körper aussendet, und lass sie zu.

- Höre auf die Geräusche um dich herum, achte auf die Gerüche, auf alle Sinneseindrücke – beginne nicht, dich im Raum umzusehen, sondern konzentriere dich auf das, was du jetzt in dieser Position (Haltung) siehst. Achte auch darauf, ob du einen bestimmten Geschmack im Mund hast.

- Versuche dann, zu spüren, welche Impulse von deinen Gefühlen kommen. Hast du ein deutliches Gefühl? Oder mehrere? Versuche nur, das Gefühl oder die Gefühle zu registrieren, die du spürst.

- Wende dann deine Aufmerksamkeit auf deine Gedanken. Spüre die Kreativität in deinen Gedanken. Fühle, wie beständig neue Gedanken entstehen und wie einige wenige hartnäckig immer wieder zurückkommen.

- Versuche nur, deine Gedanken wahrzunehmen. Lass sie kommen und gehen.

- Achte darauf, ob dir Ideen kommen, welche Absichten du hast und welche Bilder dabei entstehen.

- Öffne dein Bewusstsein nun für all die Impulse, die kommen, und registriere Sinneswahrnehmungen, Gefühle, Gedanken, Ideen, Bilder, Absichten. Entdecke den Impuls und lass ihn gehen. Versuche, nicht daran festzuhalten. Und stellst du fest, dass du dem Impuls doch gefolgt bist, kehrst du zum einfachen Registrieren zurück.

- Mach diese Übung ein paar Minuten lang.

Diese fünf Übungen können als *Grundübungen* betrachtet werden, will man die natürlichen Kompetenzen trainieren. Im Prinzip könnten wir uns damit begnügen, wenn es darum gehen soll, die Verbindung zu seinem eigenen Inneren zu sichern und damit eine bessere Möglichkeit zu haben, mit größerer Empathie und mehr Authentizität in Kontakt mit anderen zu treten. Aber besonders bei der Arbeit mit Kindern ist es wichtig, Übungen zu variieren, damit sie zur Situation passen, dem Einzelnen den größtmöglichen Nutzen bringen und einen maximalen Beitrag zur Verbesserung des Lern- und Entwicklungsumfelds leisten. Wir werden deshalb im Folgenden verschiedene Alltagssituationen aus der Schule durchgehen und konkrete Vorschläge für Übungen machen, die den jeweiligen herausfordernden Situationen angepasst sind.

Übungen in herausfordernden Situationen

Teil 2

Kapitel 4

Ein guter Start in den Tag

Der Tagesanfang in der Tagesbetreuung

Der Morgen vor Schulbeginn ist mitunter sehr chaotisch. Kinder kommen zu verschiedenen Zeiten und haben mehr oder weniger Zeit, bevor sie zu ihrem jeweiligen Unterrichtsbeginn müssen. Die Pädagogen müssen bereit sein, die Kinder so zu akzeptieren und entgegenzunehmen, wie sie in ihrer aktuellen Tagesverfassung kommen. Von den etwa 40 Kindern, die morgens in der Betreuung waren, die ich besucht habe, waren einige noch ganz verschlafen, hatten kaum gefrühstückt und begannen deshalb, erst einmal ihr Essen auszupacken. Andere waren bereits total aufgedreht, rannten herum, waren unruhig und störten einige der Kinder, die essen und nur ihre Ruhe haben wollten. Zu Hause in ihren Familien hatten sie vielleicht verschlafen, sodass sie bereits einiges an Hektik und Schelte hinter sich hatten. Andere Kinder kamen ganz ruhig und sahen sich gleich nach ihrem besten Freund um, und wenn sie ihn gefunden hatten, setzten sie sich zusammen und spielten etwas. Andere spielten allein – virtuell oder manuell.

Wir wollen zuerst einen Blick darauf werfen, was die Lehrerin/Erzieherin mit und für sich tun kann, und erst danach auf ihre Gestaltungsmöglichkeiten für die einzelnen Kinder. Wir fangen mit dem Erwachsenen an, da in der professionellen Beziehung zwischen Kindern und Erwachsenen immer der Erwachsene die volle Verantwortung für die Qualität der Beziehung trägt. Hierzu gehört auch die Verantwortung für die Atmosphäre im Raum und dafür, dass die Werte, welche die Einrichtung vertritt, auch in den hektischen und teilweise chaotischen Morgenstunden zum Tragen kommen. Wir wissen, dass das Leben dieser Werte von den Fähigkeiten des Pädagogen abhängt, sich mit Präsenz, Interesse, Aufmerksamkeit und Empathie in die Situation einzubringen und für die Kinder da zu sein (Nordenbo et al., 2008). Sich an die natürlichen Kompetenzen zu erinnern und Mittel und Wege zu finden, sie einzusetzen, ist von essenzieller Bedeutung, um die Qualität des Zusammenseins in der Betreuung auch an solchen Morgen zu verbessern.

Werfen wir einen Blick auf den Tagesbeginn der Pädagogen. Er oder sie hatte ja seinen eigenen Morgen, bevor der Arbeitstag begann: manchmal einen angenehmen Morgen mit Zeit für Gespräche an einem schön gedeckten Frühstückstisch, an anderen Tagen sicher aber auch einen Morgen, an dem er/sie von Anfang an müde war, an dem der Jüngste sein Frühstück nicht essen, der Mittlere unbedingt Kuchen mit in die Schule nehmen wollte und der Älteste seine Sportsachen noch nass und in elendem Zustand am Boden seiner Sporttasche gefunden hatte. Es ist klar, dass derart unterschiedliche Ausgangssituationen auch ihre Spuren beim Pädagogen hinterlassen. Es geht darum, den Fokus von diesen Spuren zu lösen und auf die Dinge zu richten, die immer da sind, nämlich die natürlichen Kompetenzen. Es kann entscheidend sein, die wenigen Minuten zu nutzen, die einem zwischen der Verabschiedung seiner eigenen Kinder und dem Eintreten in den Arbeitstag bleiben. Infrage kommen dafür folgende Übungen:

Übung 6 – 3-MINUTEN-ÜBUNG

- In welcher Stimmung bist du, wenn du an die bevorstehende Begegnung mit den Kindern denkst? Registriere nur die Stimmung und akzeptiere sie so, wie sie ist.

- Achte dann auf deine Atmung. Spüre sie und konzentriere dich darauf. Um den Fokus auf die Atmung zu richten, kann es hilfreich sein, innerlich zu sich selbst zu sagen: Einatmen – Pause – ausatmen – Pause. Vielleicht reichen zehnmal bereits aus.

- Richte deine Aufmerksamkeit dann auf die äußeren Punkte deines Körpers. Beginne damit, deine Füße zu spüren, bewege sie ruhig ein wenig und versuche, sie von innen zu spüren und herauszufinden, »wie es ihnen geht«.

- Richte deine Aufmerksamkeit dann auf deine Hände. Balle die Fäuste, strecke die Finger dann ein paarmal aus und spüre, wie sich deine Hände von innen anfühlen.

- Zum Schluss richte deine Aufmerksamkeit auf deinen Hals, den Nacken und den Kopf. Spüre auch hier nach, wie sich alles anfühlt.

- Du sollst nichts ändern, sondern einfach deine Atmung und das Gefühl in deinen Füßen, Händen, Kopf und Hals registrieren und anerkennen.

- Schließe die Übung damit ab, erneut in dich zu gehen und zu spüren, wie du dich fühlst, und mach dich dann bereit, an deinen Arbeitsplatz zu gehen.

Eigentlich muss man sich in dieser Situation nur daran erinnern, für welche Werte die Betreuungseinrichtung steht, denn auch dort finden sich sicher wichtige Begriffe wie Nähe, Respekt, Interesse, Empathie und Anerkennung. All diese Qualitäten helfen nicht nur dem Wohlbefinden des Kindes, sondern auch dem des Pädagogen. Aber wer erinnert sich schon in der Hektik des Alltags daran, wenn man wie ein Zirkusartist alle Bälle in der Luft halten muss? Im Laufe eines einzigen Augenblicks muss der Pädagoge sich damit auseinandersetzen, dass er zu Kindern in den Raum kommt, von denen einige, vielleicht auch er/sie selbst, einen schlechten Morgen hatten, dass es laut ist und dass noch immer einige Kollegen krank sind und die Einrichtung daher unterbesetzt ist. Dies alles sind Faktoren, die jeden guten, effektiven und konstruktiven Pädagogen zu einem weniger guten, weniger effektiven und weniger konstruktiven Pädagogen machen. Es ist in einer solchen Situation nicht leicht, sich an die Werte der Institution zu erinnern und sich an diesen zu orientieren, so plausibel sie auch sein mögen. Viel leichter ist es hingegen, sich an die natürlichen Kompetenzen zu erinnern. Das erfordert deutlich weniger gedankliche Aktivität und kann in Situationen, in denen Ruhe und Frieden herrschen, trainiert werden.

Die nächste Übung kann im Team oder in der Gruppensupervision durchgeführt werden, da sie unter Anleitung am besten funktioniert. Sie bietet auch die Möglichkeit, in einem anschließenden Dialog die Erfahrungen und das Wissen, das man durch die Übung bekommen hat, zu vertiefen.

Übung 7 – DIE ZUGÄNGLICHKEIT DER NATÜRLICHEN KOMPETENZEN

- Setze dich bequem hin.

- Schließe die Augen.

- Spüre den Druck deiner Füße auf dem Boden.

- Spüre den Stuhl unter deinen Beinen, deinem Gesäß und hinter deinem Rücken.

- Achte auf deine Wirbelsäule und bewege dich etwas, um eine Position zu finden, in der deine Wirbelsäule deinen Kopf mit möglichst wenig Energie trägt.

- Konzentriere dich jetzt auf deine Atmung und registriere, wie du ein- und ausatmest. Folge deiner Atmung mit deiner Aufmerksamkeit. Ein … und aus.

- Versuche jetzt, dich an einen Morgen auf deiner Arbeit zu erinnern, der besonders, vielleicht unerwartet chaotisch verlaufen ist oder an dem du auf andere Schwierigkeiten gestoßen bist. Wie war die Situation? Wer war da? Was haben die Anwesenden gesagt oder getan?

- Versuche, dich selbst in dieser Situation zu sehen. Richte den Fokus auf dich selbst: Wie ist deine Körperhaltung? Dein Kontakt zu deinem Körper? Versuche, deinen Körper und deine Wahrnehmung zu scannen. Welcher Ausdruck liegt auf deinem Gesicht?

- Beachte auch deine Atmung. Wie ist sie in dieser Situation? Ändert sie sich im Laufe der Geschehnisse? Wird sie flacher? Verändert sie sich in anderer Hinsicht?

- Achte auf deine Gefühle. Wie sieht es mit der Anerkennung und der Fürsorge – für dich selbst – aus. Und mit deiner Anerkennung und Fürsorge für die anderen Beteiligten in dieser Situation?

- Achte auf deine Gedanken und deine Aufmerksamkeit. Wie präsent bist du in dieser Situation?

- Achte auch auf deine Kreativität in dieser Situation. Du hast die Impulse gespürt, die aus deinem Körper, deinem Kopf und deiner Seele gekommen sind: Haben diese Impulse dir Ideen gegeben, was du tun könntest?

- Verwende eine gewisse Zeit darauf, nachzuspüren, ob es Bereiche gab, zu denen du besseren Kontakt hattest als zu anderen?

- Wie war deine Verbindung zu deinem Körper? Zu deiner Atmung? Zu deinen Gefühlen? Zur Aufmerksamkeit? Zur Kreativität?

- Die Übung kann an diesem Punkt enden, man kann an dieser Stelle aber auch mit einem Dialog fortsetzen. Dieser Dialog kann sich darauf beziehen, welche natürlichen Kompetenzen – Empathie, Präsenz/Aufmerksamkeit, Körper, Atmung oder Kreativität – unter Druck für den Erzieher am leichtesten zugänglich sind und deshalb als eine Art Anker genutzt werden können, zum Beispiel, wenn der Erzieher morgens in die Einrichtung kommt.

- Der Fokus des Dialoges kann auf die natürlichen Kompetenzen, die man in einer schwierigen Situation am schnellsten verliert, gerichtet werden. Dann kann man in seinen inneren Übungen darauf achten, den Kontakt gerade zu dieser natürlichen Kompetenz zu stärken.

Oben stehende Übung kann der einzelnen Erzieherin oder Lehrerin helfen, ihr eigenes kleines Programm zusammenzustellen, das vielleicht nur wenige Minuten pro Tag in Anspruch nimmt, in denen man darauf fokussiert, den Kontakt zu der natürlichen Kompetenz zu verfeinern, die man stärken will. Je nach Temperament und Laune kann man wählen, ob man sich auf die Kompetenz konzentrieren will, die am besten bei einem funktioniert, auf irgendeine andere oder auf diejenige, die einem am meisten Schwierigkeiten bereitet, zu der man also am schnellsten den Kontakt verliert. Es erfordert Training, bewusstes Üben und Lernen, den Kontakt zu den natürlichen Kompetenzen wiederherzustellen. Man kann sich natürliche Kompetenzen nicht anlesen, sondern sie nur durch bewusstes Sein und Handeln im Tun aneignen.

Die Tatsache, dass man in seinem Sein und in seiner Einstellung aufmerksamer, näher, empathischer ist und mehr in sich ruht, trägt dazu bei, die Atmosphäre zu verändern – auch an einem schweren Morgen in der Betreuung. Die meisten kennen sicher das Phänomen, dass eine Erzieherin, die sich engagiert und voller Nähe und Präsenz mit ein paar Kindern beschäftigt ist, immer mehr Kinder anzieht. Was sie so anziehend macht, ist die Balance, die ruhige Atmosphäre, die den Erwachsenen umgibt. Oft wird dieses schwer Definierbare als Naturtalent beschrieben oder man sagt, der oder die Betreffende habe einfach einen besonderen Draht zu den Kindern. Das mit dem Naturtalent ist gar nicht so verkehrt, wenn wir daran denken, dass es ja die natürlichen Kompetenzen sind, die hier wirken. Falsch ist, dass wir dies als etwas Besonderes betrachten, für das man einen speziellen »Draht« braucht. Wir alle können mit einem gewissen und für uns selbst angenehmen Einsatz dieses Naturtalent zurückgewinnen.

Man kann die Übungen mit den Kindern also morgens machen, da sie das Gleiche Bedürfnis nach Unterstützung haben, sich selbst und damit auch die anderen zu finden. Der folgende Übungsverlauf ist ein Vorschlag, wie man die Kinder ruhig und fürsorglich in der Betreuung empfangen kann. In die Betreuung kommen die Kinder zu unterschiedlichen Zeiten, weshalb wir ein Programm entwickelt haben, das in drei Runden à circa zehn Minuten verläuft. Jede Runde hat im Vergleich zur vorangegangenen eine gewisse Variation. Das hat den Vorteil, dass sich ein Erzieher darauf konzentrieren kann, die Kinder in ruhiger Atmosphäre zu empfangen, außerdem können sie so, gleich nachdem sie in die Betreuung gekommen sind, jederzeit in das Programm einsteigen.

Übung 8 – KARUSSELLÜBUNG – PROGRAMM FÜR MORGENBETREUUNG

1. Runde

»Wetterbericht«

- Bildet einen Stuhlkreis.

- Du musst bequem sitzen, also nimm dir ruhig etwas Zeit dafür.

- Schließ die Augen.

- Versuche jetzt, dich an den Moment zu erinnern, an dem du wach geworden bist. Bist du geweckt worden? Wie bist du geweckt geworden? Oder bist du von allein aufgewacht?

- Wie war deine Stimmung, als du die Augen aufgeschlagen hast?
- Wie hast du diese Stimmung gefühlt?
- Konntest du das im Körper spüren? Wenn ja: wo?
- Öffne die Augen.

Strecken

- Steh auf und streck deinen ganzen Körper.
- Strecke dich nach oben zur Decke und zu den Seiten. Strecke dich in alle Richtungen.
- Spüre deinen Atem.
- Strecke auch dein Gesicht. Zieh es ganz klein zusammen und entspann dich. Untersuche, wie du die Muskeln in deinem Gesicht auf die unterschiedlichen Weisen strecken kannst.
- Bewege auch deine Zunge. Stell dir vor, dass du dir mit deiner Zunge die Zähne putzt, und strecke sie zum Schluss weit raus.
- Mach den Mund weit auf und strecke die Arme ein letztes Mal.
- Wie fühlt sich dein Körper jetzt an?

Kreis

- Stellt euch in einen Kreis. Dreht die linke Handfläche nach oben, die rechte nach unten. Nehmt euch an den Händen.

- Schließe die Augen. Spüre deine Hände, spüre, wie sie den anderen Händen begegnen.

- Spüre deine Füße und wie sie auf dem Boden stehen.

- Spüre dein Gesicht und entspanne in Gesicht und Nacken.

- Achte auf deinen Atem. Und während du auf deine Atmung achtest, öffne deine Augen und sieh die anderen im Kreis an.

- Lasst eure Hände los und setzt euch.

- Spürt die Stimmung in eurem Körper.

- Spürt euren Atem.

Massage von Armen und Händen

siehe Film auf www.bornslivskundskab.dk

- Beginne damit, die rechte Hand auf die linke Schulter zu legen.

- Spüre den Kontakt zwischen Hand und Schulter.

- Massiere jetzt deine Schulter und danach deinen Oberarm.

- Lege die Hand auf den Ellenbogen und spüre den Kontakt.

- Massiere danach deinen Unterarm.

- Ende damit, deine Hände zu massieren. Sorge dafür, dass die ganze Hand, sowohl die Handfläche als auch alle Finger, massiert wird.

- Spüre deinen Atem.

- Spüre die Stimmung in deinem Körper und in deinem Geist.

- Wechsle den Arm und massiere den linken Arm.

Katze

- Stellt euch auf alle viere. Und jetzt krümmt ihr den Rücken und macht dann in der Folge ein Hohlkreuz.

- Beginne mit der Bewegung ganz hinten am Steißbein, also zwischen Rücken und Po, sowohl beim Hohlkreuzmachen als auch beim Rückendurchdrücken.

- Folge mit deiner Aufmerksamkeit der Bewegung vom Steißbein über die einzelnen Wirbel bis zum Kopf.

- Finde deinen eigenen Rhythmus.

- Lass die Bewegung dann deinem Atem folgen. Atme ein, wenn du das Hohlkreuz machst, und aus, wenn du den Rücken krümmst.

- Spüre deine Stimmung.

- Spüre deinen Körper.

- Achte weiter auf die Atmung.

2. Runde

»Wetterbericht«

- Bildet einen Stuhlkreis.

- Setzt euch bequem hin und schließt die Augen.

- Spüre, in welcher Stimmung du in diesem Moment bist.

- Ist es ein Gefühl, das alles erfüllt? Oder mehrere Gefühle gleichzeitig? Vielleicht etwas, das dir nicht behagt? Oder etwas, über das du dich freust?

- Wenn es mehrere Stimmungen sind, lass sie alle zu, ohne zu werten, welche Stimmung überwiegt.

- Achte nun darauf, ob die Stimmung anders ist als heute Morgen beim Wachwerden. Spüre deinen Körper und deine Atmung gleichzeitig.

- Öffne die Augen.

Strecken

siehe Film auf
www.bornslivskundskab.dk

- Stellt euch hin, die Füße etwa hüftbreit auseinander. Die Zehen sollen nach vorn zeigen.

- Hole Luft, während du deine Arme über den Kopf hebst. Atme die Luft ganz aus, während die Arme vor dem Körper wie ein Stempel nach unten drücken. Drück ein paarmal, damit alle Luft aus den Lungen kommt.

- Wiederhole diese Übung ein paarmal.

- Spüre deinen Körper.

- Stelle dich breitbeinig hin. Hole Luft und lege die Hände vor dem Körper übereinander. Atme aus, während du das Gewicht auf ein Bein verlagerst, das du gleichzeitig beugst. Die Hände schieben dabei über das Bein nach unten. Verlagere dann das Gewicht auf die andere Seite und wiederhole diese Übung ein paarmal.

- Stell dich hin, die Beine etwa hüftbreit auseinander. Rotiere um deine Wirbelsäule herum von einer Seite zur anderen und folge mit Händen und Armen dieser Bewegung, während die Hüfte gerade bleibt.

- Spüre deinen Atem.

- Stelle dich mit leicht gespreizten Beinen hin und beuge dich mit gestreckten Beinen seitlich nach unten, erst nach rechts, dann nach links.

- Stelle dich hin, die Füße im Hüftabstand.

- Beuge dich langsam in einer rollenden Bewegung nach vorn, bis die Hände den Boden berühren. Beuge ruhig dein Knie, wenn das nötig sein sollte.

- Wenn du die Hände auf dem Boden hast, strecke die Beine, so weit es geht, durch. Bleib einen Moment so stehen und beuge die Beine dann wieder etwas. Wiederhole die Bewegung ein paarmal und rolle dich danach zurück nach oben in die Ausgangsposition.

- Spüre die Stimmung, in der du jetzt bist.

Kreis

- Stellt euch in einen Kreis. Dreht die linke Handfläche nach oben, die rechte nach unten. Fasst euch an den Händen.

- Schließe deine Augen. Spüre deine Hände, spüre, wie sie den anderen Händen begegnen.

- Spüre deine Füße und wie sie auf dem Boden stehen.

- Spüre dein Gesicht und entspanne dich in Gesicht und Nacken.

- Achte darauf, dass du atmest.

- An den Lehrer/Erzieher: Setzen Sie einen Impuls, indem Sie die Hand des Kindes, die in Ihrer rechten ist, ein wenig drücken, und lassen Sie diesen Impuls im Kreis herumgehen. Man empfängt mit der linken Hand und gibt mit der rechten weiter.

- Beginnt ruhig mehrere Impulse, sollte der Kreis groß sein.

- Fahrt so eine Weile fort.

- Spürt, wie der ganze Kreis zu einer Einheit wird.

- Der Erzieher stoppt den Impuls, indem er/sie beide Hände drückt.

- Lasst euch los und setzt euch.

- Spürt eure Stimmung.

siehe Film auf
www.bornslivskundskab.dk

Massage der eigenen Unterschenkel und Füße

- Legt das rechte Bein auf das linke.

- Massiert den rechten Fuß und das rechte Bein an der Innenseite des Schienbeins. Benutzt alle Finger beider Hände, außer den Daumen. Macht das ein paarmal.

- Massiert nun die Innenseite des Schienbeins mit den Daumen.

- Massiert den untersten Teil der Beinmuskulatur.

- Massiert zum Schluss eure Füße. Erst die Ferse, dann die gewölbte Oberfläche des Fußes und schließlich die Zehen.

- Spürt euren Körper und eure Atmung.

- Wechselt die Beine und fangt mit dem linken Bein von vorn an.

Katze

- Stelle dich auf alle viere. Und jetzt drückst du den Rücken durch und machst dann ein Hohlkreuz.

- Wenn du den Rücken krümmst, lass deinen Kopf und deine Knie einander unter dem Bauch berühren, und wenn du das Hohlkreuz machst, strecke das rechte Bein nach hinten aus und hebe die Hacke in Richtung Decke, damit der Bogen vom Nacken bis zur Hacke reicht.

- Mach das Gleiche mit dem linken Bein und setze die Bewegung abwechselnd mit dem rechten und linken Bein fort.

- Lass die Bewegung dann deinem Atem folgen. Atme ein, wenn du das Hohlkreuz machst, und aus, wenn du den Rücken krümmst.

- Spüre Körper und Atem.

3. Runde

»Wetterbericht«:

- Setzt euch in einen Kreis.

- Setze dich bequem hin und schließe die Augen.

- Spüre, wie deine Stimmung jetzt ist.

- Achte darauf, ob deine Stimmung sich geändert hat, seit du am Morgen aufgestanden bist oder im Verlauf der Übung.

- Kannst du die Stimmung in deinem Körper spüren? Sie kann wie ein Schmetterling im Bauch sein, wie ein Kribbeln in der Brust oder ganz anders.

- Versuche, deine Stimmung mit einem einfachen Wort zu beschreiben.

- Öffnet die Augen.

- Sagt einer nach dem anderen euer Wort.

Strecken

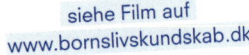
siehe Film auf
www.bornslivskundskab.dk

- Macht mit dem rechten Bein einen großen Schritt nach vorn und stellt den Fuß auf den Boden. Das rechte Knie ist in einem 90-Grad-Winkel gebeugt, das linke Bein ist nach hinten gestreckt, die Zehen auf dem Boden.

- Lege die Hände auf das rechte Knie oder hebe die Arme hoch.

- Achte auf deinen Atem.

- Richte dich wieder auf und stehe gerade.

- Mach danach einen großen Schritt mit dem linken Bein nach vorn und stelle den Fuß auf den Boden. Das Knie ist wieder in einem 90-Grad-Winkel, das rechte Bein nach hinten gestreckt, die Zehen auf dem Boden.

- Lege die Hände auf das linke Knie oder hebe die Arme hoch.

- Achte auf deinen Atem.

- Stelle dich breitbeinig hin. Beuge die Knie, die Füße nach vorn gerichtet, und lege den rechten Arm auf den Oberschenkel oder auf das Knie. Strecke das linke Bein nach hinten, der Fuß zeigt zur Seite. Der linke Arm streckt sich zu einer Diagonale über dem rechten Bein in die Höhe.

- Stelle dich wieder normal hin.

- Spüre deinen Körper und deine Atmung.

- Jetzt stelle dich wieder breitbeinig hin und wiederhole die Übung mit dem linken Bein vor, dem rechten zurück und dem rechten Arm hoch über dem linken Bein.

- Spüre deinen Körper und deine Atmung.

- Jetzt stellt ihr euch breitbeinig hin und streckt die Arme über den Kopf.

- Beuge dich vor, indem du die Hüfte beugst, halte dabei den Rücken aber so gerade wie möglich.

- Beuge dich so weit nach unten, wie du kannst. Lass den Kopf locker hängen.

- Wenn du den Boden erreichen kannst, lege die Hände quer vor deine Füße.

- Bleibe einen Moment lang in dieser Position.

- Richte dich wieder auf, achte darauf, dass die Bewegung von der Hüfte ausgeht und dass der Rücken gerade bleibt.

- Spüre deinen Körper und deine Atmung.

Kreis

- Stellt euch in einen Kreis. Dreht die linke Handfläche nach oben, die rechte nach unten. Fasst euch an den Händen.

- Schließe deine Augen. Spüre deine Hände, spüre, wie sie den anderen Händen begegnen.

- Spüre deine Füße und wie sie auf dem Boden stehen.

- Spüre dein Gesicht und entspanne dich in Gesicht und Nacken.

- Achte auf deinen Atem.

- Stelle dir nun vor, du hättest ein kleines Lichtchen in deinem Herzen. Stelle dir vor, dass du die Wärme des Lichts spüren kannst und wie es dich von innen anstrahlt.

- Während du dir das vorstellst, denke einmal daran, dass sich alle anderen im Kreis jetzt genau das Gleiche vorstellen. Und jetzt stelle dir vor, wie die Wärme des Lichts sich durch eure Hände verbreitet und einen Lichtzirkel bildet.

- Halte einen Moment lang an dieser Vorstellung fest.

- Drückt eure Hände und lasst einander los.

- Bleibt im Kreis stehen. Dreht euch eine Vierteldrehung nach rechts, sodass ihr auf den Nacken eures Nebenmanns schaut und den anderen Nebenmann direkt hinter euch habt.

- Lege deine Hände auf den Nacken der Person vor dir.

- Spüre den Atem.

- Massiere den Nacken vorsichtig von der Wirbelsäule zu den Schultern und wieder zurück.

- Massiere den ganzen Rücken, soweit du kommst, entlang der Wirbelsäule nach unten und wieder zurück nach oben.

- Schließt damit, eure Hände auf die Schultern der Person vor euch zu legen.

- Spürt eure Füße und euren Atem.

- Die Übung kann verlängert werden, indem man sich umdreht und nun denjenigen massiert, von dem man selbst gerade massiert worden ist, während man selbst von dem massiert wird, den man gerade massiert hat.

Katze

siehe Film auf www.bornslivskundskab.dk

- Stellt euch auf alle viere.

- Drückt die Knie hoch, sodass ihr euch mit Handflächen und Füßen auf den Boden stützt.

- Spüre deinen Atem.

- Beuge dich über die Hände, sodass sie dein Gewicht tragen, die Füße bleiben aber am Boden. Verlagere das Gewicht anschließend über deine Füße, während die Hände am Boden bleiben. Mach diese Bewegung in deinem eigenen Tempo eine Weile weiter, sodass abwechselnd Hände und Füße deinen Körper tragen müssen.

- Wenn du das nächste Mal über den Händen bist, mach einen kleinen Hüpfer, sodass deine Füße vom Boden abheben und die Hände das ganze Gewicht tragen.

- Fange ganz sanft an und lass die Bewegung immer stärker werden. Versuche, es immer besser hinzukriegen.

- Beginne, auf diese Weise dich zwischen den anderen Kindern hindurch im Zimmer umherzubewegen.

- Nehmt zum Schluss wieder eure Position im Kreis ein.

- Spürt euren Körper und eure Atmung.

Der Tagesbeginn in den untersten Klassen

Der Lehrer oder die Lehrerin, die mit der ersten Unterrichts-
stunde beginnt, kann auf die Übungen 6 oder 7 zurückgreifen
(Seite 65 und 67). Auch wenn die einleitenden Übungen zur
Stärkung von Präsenz, Aufmerksamkeit und Empathie schon
vorher in der Betreuung stattgefunden haben sollten, bleibt es
immer die Aufgabe des einzelnen Lehrers, den Kontakt zu
der Klasse im Hier und Jetzt herzustellen. Das Lernumfeld
im Klassenzimmer wird dabei von Beziehungen gesteuert
und aufrechterhalten, die immer wieder persönlich neu etab-
liert werden müssen. Einfacher ist es natürlich, ganz neue,
konstruktive Verbindungen aufzubauen, wenn die Kinder
aus einem anderen guten, respektvollen Umfeld kommen.

Wir wissen, dass in der heutigen Zeit viele Kinder Auf-
merksamkeitsdefizite haben, sodass es sinnvoll sein kann, mit
ein paar Übungen zur Stärkung der Aufmerksamkeit zu beginnen:

Übung 9 – DEHNUNGSÜBUNG

- Stellt euch hin, die Füße etwa hüftbreit auseinander.
  Die Zehen zeigen nach vorn.

- Beuge deine Knie leicht, lass das Becken locker und
  strebe mit dem Kopf nach oben, sodass sich dein Rücken ganz natürlich dehnt.

- Strecke nun die Arme über den Kopf, die Handflächen zeigen in Richtung Decke.

- Senke die Schultern und entspanne dein Gesicht
  und deinen Nacken. Spüre deine Füße, geh etwas in
  die Knie, solltest du zu gerade stehen.

- Spüre den Druck deiner Füße auf dem Boden und stelle dir vor, dass du eine unsichtbare Decke nach oben drückst. Das ist eine sehr kleine, feine Bewegung in beide Richtungen.

- Bleibe so stehen, ein bisschen länger, als du zu können glaubst, bis du eine deutliche Dehnung spürst und es wirklich anstrengend wird. Achte darauf, dass deine Aufmerksamkeit auf Hände und Füße gleichzeitig gerichtet ist.

- Lass danach die Arme in eine waagerechte Position sinken und drücke die Handflächen nach außen, als stünden auf beiden Seiten von dir unsichtbare Mauern.

- Lass die Schultern sinken und entspanne das Gesicht und den Nacken. Spüre deine Füße und beuge die Knie leicht, sollten deine Beine durchgedrückt sein.

- Konzentriere dich auch hier auf die Richtungen nach unten durch deine Füße und seitlich durch die Hände.

- Halte auch diese Position etwas länger, als du dir das eigentlich zutraust.

- Lass die Arme sinken.

- Spüre deinen Körper: Was hat die Übung bewirkt? Was spürst du?

- Schüttelt zum Schluss Arme, Beine und den ganzen Körper aus.

- Nehmt dann bequem auf eurem Stuhl Platz und bereitet euch auf Übung 10 vor.

- Richtet eure Aufmerksamkeit auf die Mitte eures Kopfes. Stellt euch euren Kopf als Kugel vor und geht mit eurer Aufmerksamkeit ins Innere der Kugel.

- Konzentriere deine Aufmerksamkeit etwa eine halbe Minute auf diesen Punkt, bis du das Gefühl hast, einen guten Kontakt bekommen zu haben.

- Verlasse dann deinen Kopf und richte deine Aufmerksamkeit nun auf das Zentrum deines Körpers, das sich etwa vier Fingerbreit unter dem Nabel befindet. Konzentriere deine Aufmerksamkeit etwa eine halbe Minute auf diesen Punkt, bis du das Gefühl hast, einen guten Kontakt bekommen zu haben.

- Jetzt versuchst du, mit deinem Atem eine Verbindung zwischen deinem Kopf und deinem Körper herzustellen.

- Beginne mit dem Punkt in der Mitte deines Kopfes. Beim Einatmen stellst du dir eine Bahn vor, eine Art Aufzug, bis hinunter ins Zentrum deines Körpers.

- Beim Ausatmen folgst du dem Atemzug bis hinauf in deinen Kopf.

- Mach diese Übung ein paar Minuten lang und folge dem Rhythmus deines Atems vom Kopf in den Körper und zurück.

- Spüre nach, was diese Übung mit deinen Gedanken, Gefühlen, der Atmung und deinem Körper gemacht hat.

- Beendet die Übung nach dem nächsten Ausatmen.

Der Tagesbeginn kann noch durch Erlebnisse geprägt sein, welche die Schüler am Morgen zu Hause oder am Tag zuvor hatten. Das erleben viele Lehrer besonders montags nach dem Wochenende, an dem die Kinder möglicherweise besonders viele Eindrücke gesammelt haben. Dies ist aber auch an anderen Tagen möglich, zum Beispiel, wenn es am Vortag Konflikte zwischen Kindern gegeben hat. Es gibt die Tradition, dass sich die Lehrer, besonders in den unteren Klassen, an solchen Tagen erst einmal erzählen lassen, was die Kinder beschäftigt. Dies kann eine gute Methode sein, Platz für neuen Stoff zu schaffen – das Erzählte schafft Raum für das Neue –, aber manchmal wünschen sich die Lehrer andere Methoden, denn das Erzählen erfordert nicht nur viel Zeit, sondern hat nicht immer wirklich den gewünschten Effekt. Es funktioniert nämlich nur dann richtig gut, wenn sowohl der Lehrer oder Erzieher als auch die Kinder in der Lage sind, sich in einer persönlichen Sprache auszudrücken, ihren Anteil an dem Konflikt deutlich zu machen und was dieser Konflikt mit ihnen gemacht hat, und nicht, was die anderen anders hätten machen sollen. Jesper Juul und ich haben früher bereits den persönlichen Dialog als Werkzeug beschrieben (siehe Juul & Jensen, 2002), und ich möchte auch in diesem Buch darauf zurückkommen. Aber erst wollen wir hier einige der inneren Übungen beschreiben, die hilfreich dafür sein können, die persönliche Sprache zu entwickeln. Sie sind dazu geeignet, weil sie eben den Kontakt zu sich selbst fördern und es damit leichter machen, die Seiten von einem selbst zu erfassen, zu denen man normalerweise nicht so leicht Zugang hat. Diese Seiten stellen sich einem manchmal unbewusst in den Weg, wenn man in einer Konfliktsituation auf der Suche nach einer konstruktiven Lösung ist. Statt den Tag also mit Redezeit für diejenigen zu beginnen, die von sich aus etwas erzählen wollen, kann man den Tag auch mit einer gemeinsamen Übung beginnen. Es kann dies die gerade beschriebene Aufzugübung sein oder aber auch eine der folgenden Übungen.

Übung 11 – **MASSIEREN MIT DEM ATEM**

- Setzt euch bequem hin. Spürt, wie der Stuhl euren Körper, die Rückseite eurer Beine, das Gesäß und vielleicht auch euren Rücken stützt.

- Richte deine Aufmerksamkeit jetzt auf deine Wirbelsäule und folge ihr vom Steißbein, also zwischen Rücken und Po, bis hinauf zum obersten Halswirbel. Spüre, wie dein Atem eine kleine Bewegung entlang der Wirbelsäule macht, wenn du ein- und ausatmest.

- Bleibe einen Moment sitzen und konzentriere dich auf deinen Atem und die kleinen Bewegungen der Wirbelsäule.

- Richte deine Aufmerksamkeit jetzt auf deinen Kopf. Spüre, ob es dort Spannungen gibt und ob es dir möglich ist, diese Spannungen aufzulösen. Spüre dein Gesicht: Stirn, Schläfen, Augenbereich, Kiefer, Lippen und Nacken. Spüre, wie der Kopf wie ein Ball oben auf der Wirbelsäule sitzt. Beweg dich ruhig ein bisschen und finde eine Position, bei der der Kopf genau über der Wirbelsäule ist.

- Spüre den Kontakt zwischen deinen Füßen und dem Boden. Spüre, wie der Boden deine Füße hält und wie deine Füße gegen den Boden drücken.

- Spüre den Kontakt zwischen deinen Händen und dem Ort, auf dem deine Hände ruhen.

- Achte nun auf deinen ganzen Körper: Tut etwas weh? Ist etwas unangenehm oder gibt es Bereiche, die etwas mehr Aufmerksamkeit erfordern?

- Massiere nun diese Bereiche mit deinem Atem, indem du dir vorstellst, dass du direkt in diese Zonen atmest, und beim Ausatmen achte darauf, dass deine Aufmerksamkeit sich in diesen Bereichen verteilt.

- Wiederholt das ein paarmal und achtet darauf, ob es Veränderungen gibt – akzeptiert es aber so, wie es ist.

- Macht euch nun bereit, mit eurer Aufmerksamkeit mit dem nächsten Atemzug in den Raum zurückzukehren.

Die nächste Übung kann angewendet werden, wenn man eine Übung braucht, bei der die Kinder aufstehen und sich bewegen. Die Übung hilft den Kindern auch, anzukommen und sich zu erden.

siehe Film auf
www.bornslivskundskab.dk

Übung 12 – GROUNDING IN DREI SCHRITTEN

Schritt eins

- Stellt euch hin, die Füße parallel nebeneinander und mit etwa hüftbreitem Abstand.

- Beuge die Knie so weit nach unten, dass die Fußsohlen gerade noch am Boden bleiben. Die Knie zeigen nach vorn.

- Stelle dich auf die Zehenspitzen, ohne die Beine gerade zu machen. Die Knie zeigen also noch immer gebeugt nach vorn.

- Bleibe auf den Zehenspitzen, während du die Beine streckst.

- Spüre deinen Atem.

- Lass die Hacke langsam zu Boden sinken, damit du wieder in die Ausgangsposition kommst.

- Finde deinen eigenen Rhythmus und wiederhole das Bewegungsmuster ein paarmal.

- Bleibe einen Augenblick stehen und spüre deinen Körper und deinen Geist. Hast du Gedanken und sind Pausen zwischen den Gedanken?

Schritt zwei

- Stelle dich mit gespreizten Beinen hin, die Zehen zeigen nach vorn.

- Verlagere nun dein Gewicht abwechselnd von einem Fuß auf den anderen.

- Drücke den Fuß, über dem das Gewicht ist, fest nach unten und beuge das Knie, sodass die Bewegung intensiver wird, behalte den anderen Fuß dabei aber auf dem Boden.

- Finde deinen eigenen Rhythmus und wiederhole das Bewegungsmuster ein paarmal.

- Spüre die Füße und den Atem.

- Stelle dann das eine Bein vor das andere.

- Du musst einen guten Kontakt zu den Füßen haben und dann, wie eben, das Gewicht von einem Fuß auf den anderen verlagern. Rolle beide Füße ab, sodass du die ganze Fußsohle spürst, von der Hacke über die Wölbung deines Fußes bis in die Zehen und wieder zurück.

- Finde deinen eigenen Rhythmus und wiederhole das Bewegungsmuster ein paarmal.

- Bleibe einen Augenblick stehen und spüre deine Gedanken, deinen Körper und deine Atmung.

- Wechsele die Beine, sodass jetzt der andere Fuß vorn ist, und wiederhole die Übung.

Schritt drei

- Stelle dich hin, die Füße parallel nebeneinander und mit etwa hüftbreitem Abstand.

- Beuge die Knie leicht.

- Folge mit deiner Aufmerksamkeit deinem Körper. Von den Füßen nach oben über das Becken und über die Wirbelsäule bis in deinen Kopf.

- Hebe jetzt die Arme in die Luft und strecke deinen Körper.

- Richte während dieser Dehnung einen Teil deiner Aufmerksamkeit auf deine Füße, einen anderen auf deine Atmung.

- Spüre, dass du dich in beide Richtungen streckst: nach oben mit den Armen und nach unten mit den Füßen.

- Entspanne deine Arme und lass sie locker hängen.

- Beuge den Kopf und rolle den Oberkörper nach vorn ab.

- Folge mit deiner Aufmerksamkeit der Bewegung in deinem Rücken. Tu es langsam, sodass du spürst, wie die Bewegung durch jeden einzelnen Wirbel geht.

- Geh so weit nach unten, wie es möglich ist. Bleibe in dieser Position etwas stehen. Entspanne deinen Nacken, das Gesicht und die Arme. Spüre die Dehnung hinten in deinen Beinen.

- Rolle dich auf die gleiche, langsame Art Wirbel für Wirbel wieder hoch.

- Bleibe einen Augenblick stehen und spüre deinen Atem und die Impulse in deinem Körper, was gerade in ihm vorgeht.

Übung 13, eine im Sitzen ausgeführte, stille innere Übung, kann jederzeit durchgeführt werden und hilft, den Kontakt zu sich selbst zu fördern. Gleichzeitig stärkt sie die Empathie für andere. Sie kann variiert und durch Bewegungen ergänzt werden, wie in der letzten Übung gezeigt.

Übung 13 – *JEMAND, DEN DU MAGST*

- Setzt euch bequem auf den Stuhl – spürt, wie er euren Körper stützt.

- Richte deine Aufmerksamkeit jetzt auf deine Füße. Bewege sie etwas. Krümme die Zehen und strecke sie wieder aus.

- Spüre die Oberfläche der Füße und spüre sie von innen.

- Richte deine Aufmerksamkeit jetzt auf deine Hände. Balle sie zu Fäusten und strecke die Finger wieder aus.

- Spüre, wie sie auf dem Stuhl oder auf deinem Körper ruhen.

- Spüre die Oberfläche der Hände, und spüre sie von innen.

- Richte deine Aufmerksamkeit jetzt auf dein Gesicht. Mach verschiedene Grimassen und entspanne die Gesichtszüge dann wieder.

- Spüre dann die Oberfläche des ganzen Körpers und seine äußersten Punkte: Füße, Hände, Gesicht.

- Achte auch auf deine Atmung.

- Sitze einen Moment lang still da und folge ihr – einatmen – ausatmen.

- Bleibe mit deiner Aufmerksamkeit eine Weile bei deinem Atem.

- Spüre dann, dass du deine Aufmerksamkeit auch gleichzeitig auf die Atmung und die äußeren Punkte des Körpers richten kannst.

- Jetzt lenkst du deine Aufmerksamkeit in die Brust in die Umgebung deines Herzens.

- Vielleicht kannst du dein Herz schlagen spüren – vielleicht nicht.

- Bleibe mit der Aufmerksamkeit in der Herzgegend und spüre nach, wie es dort ist.

- Denke dann an jemanden, den du sehr gernhast. Spüre jemanden, den du sehr gern hast, im Herzen. Es kann jemand aus deiner Familie sein oder ein guter Freund, ein Haustier oder auch ein Stofftier.

- Lass dieses schöne Gefühl sich nun in deinem ganzen Körper ausbreiten, bis in die Füße, die Hände, die Haarwurzeln.

- Bleibe still sitzen und spüre, wie es ist.

- Bewegt euch ein bisschen und bereitet euch darauf vor, eure Aufmerksamkeit wieder auf das Klassenzimmer zu richten.

Variationsmöglichkeiten des Übungsschlusses

- Gleich, wenn ich es sage, steht ihr alle auf und bewegt euch langsam und leise durch das Klassenzimmer. Wenn ihr jemandem begegnet, nehmt ihr Augenkontakt auf und nickt euch still zu.

- Ihr geht nun weiter durch die Klasse, und wenn ihr alle gegrüßt habt, setzt ihr euch wieder still auf euren Platz, bis auch alle anderen mit der Übung fertig sind.

Variationen der Übungen für ältere Schüler

Statt an jemanden zu denken, den man sehr gern mag, kann man diese Übung auch mit dem Gefühl der Dankbarkeit verbinden. Richtet sich dieses Gefühl auf jemanden oder auf eine Sache – vielleicht ein Erlebnis?

Alle Variationen kann man auch unterbrechen, um ein Feedback von den Kindern/Jugendlichen zu bekommen, um so zu erfahren, was die Übung bei ihnen in Gang setzt, und auch, um ihnen die Gelegenheit zu bieten, etwas Entscheidendes miteinander zu teilen.

Der Tagesbeginn in den älteren Klassen

In den höheren Klassen kommen die Kinder/Jugendlichen direkt von zu Hause in die Schule. Dabei kann es für manche eine echte Herausforderung bedeuten, pünktlich zum Unterricht zu erscheinen. Viele Lehrer sehen sich jeden Morgen aufs Neue mit dem Umstand konfrontiert, dass die Klasse erst weit in der ersten Stunde vollständig versammelt ist. Für sie ist der Start in den Tag allein schon deshalb eine Quelle täglicher Frustrationen. Wir wollen deshalb die oben stehenden Übungen, die natürlich auch mit den älteren Klassen durchgeführt werden können, durch ein paar Hinweise ergänzen, wie sich die Lehrer bestmöglich darauf vorbereiten können, diese Herausforderung zu meistern. Da man als Lehrer natürlich nicht die Zeit und Gelegenheit hat, sich eingehend mit seinem eigenen Sein und seinem Verhalten in der Klasse morgens um 8 Uhr zu beschäftigen, ist es ratsam, dies vorher zu tun, zum Beispiel durch folgende Überlegung:

1. Wie kann man sowohl die Gemeinschaft als auch die Entwicklung der Selbstständigkeit des Einzelnen fördern?

Will man dies erreichen, ist es ratsam, einen Blick auf die Kinder und Jugendlichen zu richten. Vor allem ist es notwendig, dass alle pünktlich kommen. Bereits an dieser Stelle begegnen wir dem bekannten Konflikt zwischen den Interessen der Einzelnen und denen der Gemeinschaft. Der Einzelne hat Lust, lange zu schlafen, während es für die Gemeinschaft wichtig ist, dass alle zur gleichen Zeit anfangen. Berücksichtigen wir, was wir den Kindern und Jugendlichen in einer freiheitlichen Demokratie wie der unsrigen an Werten beibringen und vermitteln wollen, fällt einem sofort auf, dass dem Vermögen des Einzelnen, sein Verhalten aus sich heraus zu steuern, dabei ganz entscheidende Bedeutung zukommt. Denn jede und jeder muss eine gesunde Entscheidungskraft und Selbstständigkeit entwickeln, um durch die Vielzahl von Möglichkeiten und Angeboten manövrieren zu können, die einem das Dasein bietet. Bezogen auf das pünktliche Erscheinen heißt solche innere Steuerung, dass man darauf achtet, pünktlich zu kommen, weil man den Lehrer und die Mitschüler respektiert oder erkannt hat, dass man den Unterricht braucht – und nicht, weil man Angst vor der Strafe einer äußeren Autorität hat.

2. Wie bewahrt man sich den Respekt vor dem/den anderen?

An erster Stelle ist wichtig, dass dem Einzelnen selbst mit Respekt begegnet wird, dass er gesehen wird, gehört und dass er in seinem Dasein Anerkennung erfährt. Mit Sehen und Hören ist dabei nicht gemeint, dass er im Zentrum stehen und hofiert werden muss, sondern dass man ihm als dem Menschen begegnet, der er ist, und dabei sowohl die Seiten berücksichtigt, die an seiner Persönlichkeit leicht und angenehm sind, als auch jene, die ihm selbst und den anderen Schwierigkeiten bereiten. Begegnet man Menschen auf diese Weise, fällt es ihnen leichter, den Kontakt zu sich selbst zu bewahren und dadurch auch Empathie und Respekt für andere zu empfinden. Denken wir an die Kinder und Jugendlichen, die Schwierigkeiten haben, pünktlich zu kommen, so werden wir feststellen, dass dies häufig diejenigen sind, die den Kontakt zu ihrer Mitte und den Respekt vor sich selbst verloren haben und deshalb auch nicht in der Lage sind, diese Qualitäten im Umgang mit anderen oder der Gemeinschaft an den Tag zu legen. In der Begegnung mit dem zu spät kommenden Kind/Jugendlichen muss der Lehrer deshalb klar zum Ausdruck bringen, dass es für die Gemeinschaft wichtig ist, pünktlich zu kommen. Mindestens ebenso wichtig ist es aber, dass die Botschaft so vermittelt wird, dass dadurch das Selbstwertgefühl und die Integrität des Jugendlichen gefördert werden (Juul & Jensen, 2002).

Um in einer solchen Situation konstruktiv zu handeln, muss der Lehrer/die Lehrerin selbst in sich ruhen, damit er/sie nicht mit der erstbesten Emotion reagiert, die sich aus Frustration darüber zeigt, dass ihre/seine Pläne für den Unterricht von Anfang an torpediert werden. Wir müssen hier zwischen Kindern und Jugendlichen unterscheiden. Bei Kindern liegt die Verantwortung für das pünktliche Kommen bei den Eltern, bei den Jugendlichen bei ihnen selbst. Ein Gespräch über dieses Thema muss bei Kindern also im Beisein der Eltern geführt werden, während es bei Jugendlichen darauf ankommt, sich die Situation aus Sicht des Jugendlichen schildern zu lassen. Tadel und Zurechtweisungen haben bekanntermaßen häufig gegenteilige Wirkung, da sie den Jugendlichen nur noch weiter von seiner Mitte entfernen, indem sie ihm das Gefühl geben, falsch zu sein und nicht als der Mensch akzeptiert zu werden, der er ist. Die Jugendlichen machen deshalb gern dicht und wünschen sich weit weg, wenn sie nicht zum Gegenangriff übergehen und dumme Bemerkungen machen.

Es ist wichtig, sich für den Standpunkt des Jugendlichen zu interessieren und ihm dann mit möglichst persönlichen Worten zu erklären, was es für den Lehrer selbst bedeutet, dass der Schüler zu spät kommt. Für die meisten Lehrer bedarf es einer gewissen Vorbereitung, zum Beispiel durch Supervision im Team, um herauszufinden, wie man sich in dieser Situation persönlich ausdrücken kann. Es fällt immer leicht, ausschließlich über den Jugendlichen zu sprechen und gar nicht zu erwähnen, was es für den Lehrer bedeutet. Dabei ist gerade das notwendig, wenn auch die Fähigkeit des Lehrers, von innen zu steuern, durch das Gespräch gestärkt und entwickelt werden soll.

Über die Gespräche im Team hinaus kann es dem Lehrer nützen, innere Übungen zu machen, die seine Fähigkeit fördern können, unter Druck die Balance zu halten.

Übungen für Lehrer

Übung 7 (Die Zugänglichkeit der natürlichen Kompetenzen, S. 67) oder Übung 10 (Aufzugübung, S. 85) können in diesem Fall genutzt werden.

Kapitel 5

Das gute Lern- und Entwicklungsumfeld

Hat der Tag gut begonnen, sollte man darauf achten, dass das gute Lern- und Entwicklungsumfeld auch den ganzen Tag hindurch bewahrt werden kann. Auch hierbei ist der Kontakt zu den natürlichen Kompetenzen ein Fundament, um die Werte zu sichern, aus denen die Beziehungskompetenz des Lehrers/Erziehers erwächst und die ein gutes Lern- und Entwicklungsumfeld sichern. Diese Werte sind, wie schon erwähnt, Respekt, Toleranz, Interesse, Präsenz und Empathie. Werte also, die eng mit der Persönlichkeit des Einzelnen, mit seinem Wesen verbunden zu sein scheinen: »Sie versteht sich darauf, Nähe und Empathie zu zeigen«, sagen wir gerne über eine Person, die offen und empathisch ist. Manchmal macht es den Eindruck, diese Eigenschaft müsse man sich im Laufe des Erwachsenenlebens aneignen, dabei ist es vielmehr so, dass wir sie von Beginn an haben und jeder die Anlage und die Möglichkeit hat, diesen Kontakt zu bewahren, wenn er in einem Umfeld aufgewachsen ist, in dem diese Kompetenzen anerkannt und ihnen Raum gegeben wurde (Bertelsen, 2010; Stern, 2010).

Die Prozessdimension des Zusammenspiels

Wir wollen aber den Fokus nicht nur auf die natürlichen Kompetenzen richten, sondern darüber hinaus einen anderen Begriff einführen, der die Beziehungen in einer Klasse beleuchten kann, nämlich die Prozessdimension des Zusammenspiels. Dabei beinhaltet die Inhaltsdimension das, *was* wir gemeinsam tun, besprechen und unterrichten. Die Prozessdimension beschreibt die Art und Weise, *wie* wir das tun.

In diesem Zusammenhang wollen wir uns auf die Prozessdimension konzentrieren, unter anderem, weil diese Dimension häufig übersehen wird und man sich bei der Planung des Schulalltags ausschließlich mit der Inhaltsdimension beschäftigt. Inhalt und Prozess hängen natürlich zusammen: Interessiert der Inhalt und haben alle Spaß daran, ist die Art und Weise des Zusammenseins oft unkomplizierter, während sie zunehmend komplexer und konfliktgeladener wird, wenn es inhaltsmäßig um Pflicht und weniger um Interesse und Engagement geht. In diesem Fall entscheidet die Prozessdimension, *wie man etwas macht,* darüber, wie die Atmosphäre innerhalb der Gemeinschaft ist. Werte wie Respekt, Toleranz, Interesse, Präsenz und Empathie können als prozessuale Werte angesehen werden, da sie die Grundlage für die Stimmung und die Qualität des Lern- und Entwicklungsumfelds in der Klasse bilden. Es sind Werte, die die Stimmungen beschreiben, Werte, die ihren Ausgangspunkt mehr in der Art und Weise haben, *wie* Dinge gemacht werden, als in dem Inhalt selbst. So sind diese Werte nicht davon abhängig, ob Mathematik oder Sprachen unterrichtet werden, sie sind gleich wichtig, egal welches Thema vermittelt werden soll. Den Fokus auf die prozessualen Werte zu richten bedeutet, den Fokus auf die *Beziehungen* zu richten und die Beziehungskompetenz des Lehrers oder Erziehers zu entwickeln.

Es ist nicht leicht, die Aufmerksamkeit zu gleichen Teilen auf Prozess und Inhalt zu richten, wenn man als Lehrer oder Pädagoge noch neu ist. Dann sind es häufig die inhaltlichen, didaktischen Fragen, die einen gefangen nehmen, sodass man leicht die Ressourcen übersieht, die im Prozess verborgen sind. Den Fokus auf den Prozess zu richten heißt unter anderem auch, auf sich selbst als Fachperson zu fokussieren (siehe auch das Kapitel Teamzusammenarbeit, S. 175), sowie seine Verantwortlichkeit für die Stimmung im Klassenzimmer oder in der Kinder-/Jugendgruppe wahrzunehmen. Man sollte dabei auch beachten, dass eine Lektion eine abgeschlossene Einheit wird und dass jede einzelne Lektion aus einer Reihe abgeschlossener Einheiten aufgebaut ist. Beginn, Verlauf und Abschluss sind wichtig, damit den Kindern/Jugendlichen klar ist, wann ein Thema/Einsatz beginnt, wie es abläuft und wann es zu Ende geht.

Beginn – Verlauf – Abschluss

Wir wissen aus der Psychologie und der Psychotherapie, dass nicht abgeschlossene Dinge oder Erlebnisse Energie rauben, häufig Verwirrung stiften und damit die Möglichkeit einschränken, sich auf das zu fokussieren, was man tut. Wir alle kennen aus unserem täglichen Leben die Freude, die es bereitet, etwas abzuschließen, sodass wir es beiseitelegen können und uns keine Gedanken mehr darüber machen müssen. Es ist ein befriedigendes Gefühl, bei dem wir die Energie spüren, die dabei entsteht, etwas zu Ende zu bringen. Das Gleiche gilt im Leben der Kinder und Jugendlichen: Es ist deshalb hilfreich, klar deutlich zu machen, wann die Lektion beginnt, vielleicht mit ein oder zwei eingespielten Routinehandlungen, sodass alle wissen, dass jetzt etwas Neues kommt, das einen bestimmten Verlauf hat und dessen Abschluss auch markiert werden wird.

Bei diesen Markierungen von Beginn, Verlauf und Abschluss ist es wiederum wichtig, sich an den Prinzipien des Trainings für Aufmerksamkeit und Präsenz zu orientieren: Man muss an die fünf natürlichen Kompetenzen denken, mehrere davon gleichzeitig nutzen und darauf achten, Pausen zu machen. Das gilt insbesondere, wenn der Lehrer/Erzieher ein neues Thema oder eine neue Aktivität einführen will, für die er Ruhe und die ganze Aufmerksamkeit der Klasse braucht, damit auch wirklich jeder Schüler die Informationen aufnehmen kann. In solchen Momenten ist die fokussierte Aufmerksamkeit gefragt, die wiederum auf einem guten Kontakt zum Körper und zur Atmung aufbaut. Die Lehrerin/Erzieherin muss die Schüler entsprechend instruieren, ihnen das aber auch selbst vorleben. Möglich ist das zum Beispiel mit dieser Übung:

Übung 14 – **FOKUSSIERTE AUFMERKSAMKEIT**

- Setzt euch bequem auf euren Stuhl.
- Spüre den Boden unter deinen Füßen.
- Spüre den Stuhl unter deinen Beinen und deinem Po.
- Spüre deine Hände und das, worauf sie ruhen.
- Spüre deinen Kopf, bewege ihn etwas, damit er gut auf deinem Hals ruht.
- Spüre deinen Atem, atme weiter so, sei dir einfach deines Atems bewusst.

- Spüre jetzt deinen Körper und deine Atmung gleichzeitig.
- Wende deine Aufmerksamkeit jetzt dem zu, was wir beginnen wollen, höre zu und schaue auf.

Übung 14 kann im Verlauf des Unterrichts wiederholt werden, es kommen aber auch andere Möglichkeiten infrage, zum Beispiel, um die Gemeinschaft und die Empathie zu stärken. Wenn man unterrichtet oder eine Gruppe Kinder oder Jugendlicher leitet, ist es wichtig, die Stärke, die von der Gruppe als solcher ausgeht, auch für das Lernen zu nutzen. Dies kann durchaus spielerisch und unterstützt durch körperliche Bewegung geschehen, indem man seine Aufmerksamkeit auf sich selbst, auf seine Bewegungen und seinen Atem richtet, gleichzeitig aber auch auf die Gruppe.

Es folgen nun ein paar Beispiele für solche Übungen. Sie können sicher durch viele andere ergänzt werden, die nicht weniger gut sind. Wichtig ist in diesem Zusammenhang, dass man sich genau überlegt, welche natürlichen Kompetenzen man stärken will.

Übung 15 – VIERSCHRITTTANZ

siehe Film auf
www.bornslivskundskab.dk

- Sucht Musik heraus, zu der man gut gehen kann.
- Stellt euch in einem Kreis auf.
- Beginnt den Tanz damit, dass ihr vier Schritte in die Mitte tretet und dann wieder zurück.
- Wenn die ganze Gruppe die Bewegung aufgenommen hat, könnt ihr noch etwas Abwechslung ein-

bauen. Die Idee ist, dass man weiterhin vier Schritte in die Mitte und wieder zurück tritt, dass aber jeder Schritt auf verschiedene Weise gemacht wird, zum Beispiel:

- Springt den ersten Schritt in Richtung Mitte, geht die letzten drei.

- Dreht euch beim Rückweg um.

- Klatscht beim vierten Schritt in die Hände.

- Fahrt damit fort, bis die Gruppe im Gleichklang ist.

- Löst den Kreis jetzt auf und nutzt den ganzen Raum. Vier Schritte vor und vier Schritte zurück.

- Achtet nun darauf, in der Vorwärtsbewegung jemandem zu begegnen. Tut dies, indem ihr euch nach dem vierten Schritt mit den Händen abklatscht (immer andere Partner).

- Bildet Zweiergruppen. Haltet euch nebeneinanderstehend an den Hüften. Geht vier Schritte vor und wieder zurück.

- Bildet Vierergruppen und macht das Gleiche.

- Zum Schluss bildet ihr zwei Gruppen, die sich in zwei Reihen einander gegenüber aufstellen. Seht denjenigen an, der euch gegenübersteht.

- Tretet vier Schritte vor und geht wieder zurück. Wiederholt das ein paarmal.

- Bilde dann eine Gemeinschaft mit demjenigen, der dir gegenübersteht.

- Nehmt Paartanzposition ein und tanzt vier Schritte vor und zurück.

- Wenn die Musik aufhört, wählt einen oder mehrere der folgenden Fokuspunkte und richtet eure Aufmerksamkeit darauf:

  – Spürt den Atem.

  – Spürt die Füße, Hände, das Gesicht.

  – Spürt die Wirbelsäule.

  – Macht die Aufzugübung.

  – Spürt, in welcher Stimmung ihr seid.

  – Spürt die ganze Oberfläche eures Körpers.

In Übung 16 folgt nun noch ein Tanz – der gute alte Stopptanz –, aber jetzt mit Fokus auf die fünf natürlichen Kompetenzen bei jedem Stopp.

Übung 16 – **STOPPTANZ**

- Diese Übung geht von einem gewöhnlichen Stopptanz aus, den die meisten kennen. Aber die Regeln sind ein wenig modifiziert.

- Der Lehrer sucht zu Beginn Musik aus, die zur Gruppe passt.

- Läuft die Musik, kann man den Fokus auf verschiedene Dinge richten:

- Lasst euch von Beinen, Füßen, Armen, Kopf, Hüften, Po, Bauch führen.

- Tanzt weiche, eckige, schnelle, langsame, schwere, leichte, fließende, abrupte, große oder kleine Bewegungen.

- Bilder: Tanzt im Wasser, in glühend heißem Sand, als würdet ihr einen schweren Mantel tragen, in einer kleinen Kiste hocken usw.

- Findet selbst andere Aufgaben.

- Wenn die Musik stoppt, sollen die Tänzer, statt wie beim gewöhnlichen Stopptanz still zu stehen, eine der unten stehenden Übungen machen. Wenn Sie mit anderen Übungen gearbeitet haben, bei denen der Fokus darauf lag, seine eigene Mitte zu finden, können Sie auch diese Übungen nutzen. Wählen Sie Übungen aus, die die Kinder/Jugendlichen unmittelbar machen können, ohne erst eine Anleitung zu brauchen, zum Beispiel:

  – Spürt euren Atem.

  – Spürt eure Füße, Hände, euer Gesicht.

  – Spürt die Wirbelsäule.

  – Macht die Aufzugübung.

  – Spürt, in welcher Stimmung ihr seid.

  – Spürt die ganze Oberfläche eures Körpers.

Sollte Bedarf für Entspannung bestehen, kann auch das mittels einer Übung gemacht werden, zum Beispiel in Zweiergruppen wie in Übung 17.

Übung 17 – **GEGENSEITIGE MASSAGE**

- Bildet Zweiergruppen.

- Einer setzt sich auf einen Stuhl, der/die andere stellt sich dahinter.

- Der Sitzende lässt die Arme einfach hängen, die Fußsohlen ruhen auf dem Boden, er spürt seinen Atem.

- Der andere steht dahinter und spürt seine Füße und seinen Atem.

- Der Stehende legt seine Hände auf die Schultern des Sitzenden und beide spüren den Kontakt zwischen Schultern und Händen. Der Stehende massiert von der Wirbelsäule zu den Schultern.

- Dann massiert er weiter entlang den Oberarmen.

- Beide spüren ihren Atem.

- Massiert die Rückenmuskeln vom oberen Rand des Rückens bis hinunter zur Lendenregion.

- Streicht von der Spitze des Kopfes über den Rücken nach unten. Zum Beispiel dreimal.

- Lasst die Hände ca. 30 Sekunden auf den Schultern ruhen.

- Nehmt die Hände weg und beendet die Übung, indem ihr für einen Augenblick die Aufmerksamkeit auf euren Körper und eure Atmung richtet.

- Tauscht die Plätze und wiederholt die Übung.

Die nächste Übung stärkt das Zusammengehörigkeitsgefühl und die Fähigkeit, aufeinander zu hören und Empathie zu zeigen.

Übung 18 – VON EINEM SCHÖNEN ERLEBNIS ERZÄHLEN

- Bildet Zweiergruppen.

- Entscheidet, wer A und wer B ist.

- A beginnt mit dem Erzählen eines Erlebnisses, das sie/ihn richtig glücklich gemacht hat.

Die Geschichte soll genau eine Minute dauern. Wenn ihr das Gefühl habt, fertig zu sein, die Minute aber noch nicht vorbei ist, müsst ihr noch etwas anderes erzählen, das mit dem Geschehnis in Verbindung steht. Der Lehrer achtet auf die Zeit und gibt Anfang und Ende bekannt.

- B macht das Gleiche.

- Schließt euch mit einem anderen Paar zusammen. Entschließt, wer Paar 1 und wer Paar 2 ist.

- A aus Paar 1 erzählt die Geschichte von B aus Paar 1 Paar 2. A soll die Geschichte so erzählen, als hätte er/sie alles selbst erlebt, das heißt in Ichform. Wie eben hat man genau eine Minute Zeit.

- Macht weiter, bis alle in beiden Paaren die Geschichten ihrer Partner erzählt haben.

Variante

Das Thema kann ausgetauscht werden, zum Beispiel durch die eigene Lebensgeschichte, ein glückliches Erlebnis, was morgens nach dem Aufstehen passiert ist, und so weiter.

Hat man das Prinzip erst eingeführt, gibt es kaum Grenzen für die verschiedensten kleinen Übungen, die man selbst durchführen und entwickeln kann. Immer geht es dabei darum, Aufmerksamkeit, Präsenz und Empathie zu stärken. Wir können dies, indem wir uns an die fünf natürlichen Kompetenzen erinnern, mehrere davon gleichzeitig in Gang setzen und die Bedeutung der Pausen nicht vergessen. Im kommenden Abschnitt werden wir uns mit der Pause näher beschäftigen.

Übergang und Tempowechsel

Für die Kinder und Jugendlichen in der Schule gibt es jeden Tag viele Übergänge, und Gleiches gilt für unseren Alltag ganz allgemein. Deshalb ist es gut, Kinder darin zu schulen, wie sie diese Übergänge meistern können. Zugutekommen wird ihnen dies auch, wenn sie ihre Aktivität wechseln, ohne dass ein Erwachsener dabei ist. Man kann sagen, dass die Übergänge eng mit dem oben beschriebenen Abschließen bestimmter Situationen verbunden sind: Alles hat einen Anfang, einen Verlauf und einen Abschluss. Zu Beginn sammelt man sich, konzentriert sich und setzt Energie und Aufmerksamkeit ein, um die gestellte Aufgabe zu meistern. Läuft die Aufgabe dann, wissen wir, dass ein guter Arbeitsverlauf dadurch charakterisiert ist, dass er wie von selbst abläuft und man häufig überrascht ist, dass die Zeit so schnell vergangen ist und die Stunde oder die Aktivität bereits beendet werden muss.

In einer Klasse/Gruppe stellt es oft eine Herausforderung dar, dass nicht alle mit ihrer Aktivität gleich weit sind. Das ist ganz natürlich, ebenso, wie die Energie eine Wellenbewegung macht und sich Intensität und Stärke daher beständig ändern. Wenn es für die einen an der Zeit ist, die Aktivität zu ändern, sind die anderen noch lange nicht so weit. In einer solchen Situation kann die folgende kleine Aufmerksamkeitsübung von Nutzen sein (aus Prahm in Svinth, 2010, S. 131):

Übung 19 – DER AUFMERKSAMKEITSZIRKEL

An die Tafel zeichnet man ein Diagramm, in dem eingetragen ist, wie die Kinder ihr eigenes Aufmerksamkeitsniveau aktuell einschätzen.

»Wie gut könnt ihr im Moment eure Aufmerksamkeit fokussieren?«

Diagramm über das Aufmerksamkeitsniveau der Schüler gemäß ihrer eigenen Einschätzung

Die Kinder/Jugendlichen werden im Laufe des Unterrichts immer wieder darauf aufmerksam gemacht, doch einen Blick auf den Kreis an der Tafel zu werfen. Sie können so ganz für sich einschätzen, wie es mit ihrer Aufmerksamkeit im Augenblick aussieht. Zwischendurch sollte man sich den Stand der Aufmerksamkeit, ohne ihn zu bewerten, durch Handheben zeigen lassen und in anderen Fällen durch ein gemeinsames Gespräch ergründen, warum die Aufmerksamkeit sich auf dem einen oder anderen Niveau befindet.

Der Sinn dieser Übung ist es, den Kindern/Jugendlichen bewusst zu machen, wo sie sich befinden, ohne dies als gut oder schlecht zu beurteilen. Natürlich haben die Schüler ein klares Bild davon, was es heißt, ein guter Schüler zu sein. Fokussiert und aufmerksam zu sein wird natürlich als besser angesehen als das Gegenteil. Gleichzeitig wissen wir aber auch, dass es vollkommen unmöglich ist, die ganze Zeit über fokussiert und aufmerksam zu sein. Es wird uns und den Kindern immer wieder passieren, dass uns Aufgaben entgleiten, dem einen mehr, der anderen weniger. Verantwortlich sind dafür die unterschiedlichsten Faktoren. Wollen wir die Präsenz, die Authentizität und das In-sich-Ruhen stärken, sollten wir uns eingestehen, dass es eben so ist. Das angesprochene Vorgehen ermöglicht es den Kindern, den Lehrern oder Pädagogen zu erzählen, dass sie es nicht mehr schaffen, die Konzentration aufrechtzuerhalten, weil sie wissen, dass sie dafür nicht kritisiert werden, sondern dass man ihnen mit Interesse für ihre Bedürfnisse begegnet.

Dabei spielt es überhaupt keine Rolle, wenn sich der einzelne Schüler hin und wieder einen Tempowechsel wünscht. Entscheidend ist in unserem Zusammenhang nur, sich dieses Tempowechsels bewusst zu sein und zu erkennen, wenn es zu einer Veränderung der Aufmerksamkeit kommt (Bech et al.,

2012). Wird das Bedürfnis nach einem Tempowechsel oder einer Pause anerkannt, muss sich das Kind oder der Jugendliche nicht falsch oder schlecht fühlen, weil er oder sie nicht mehr in der Lage ist, sich so lange, wie es wünschenswert wäre, zu konzentrieren.

Wird dagegen ein Kind oder Jugendlicher für seine fehlende Fähigkeit oder Lust, sich auf ein Thema zu konzentrieren, kritisiert, wirkt sich dies negativ auf sein Selbstwertgefühl aus. Er oder sie fühlt sich dann oft falsch und zurückgesetzt und mit seinem Problem nicht genügend beachtet. Dieses Gefühl ist so unangenehm, dass es häufig ein gar nicht beabsichtigtes Fehlverhalten zeigt, das für das Kind oder den Jugendlichen einzig und allein den Zweck hat, den Schmerz über sein eigenes Unvermögen nicht zu spüren. Werden die Schwierigkeiten, sich zu konzentrieren, aber ohne Verurteilung anerkannt, vermeidet man, dass sich zu dem Aufmerksamkeitsproblem auch noch das Gefühl des Falschseins dazukommt, sodass die Aufmerksamkeitsprobleme leichter zu lösen sind.

Neben der sprachlichen Anerkennung der Situation kann man das Selbstwertgefühl des Kindes/Jugendlichen auch noch dadurch stärken, dass man ihm die Fähigkeit erhält, in schwierigen Augenblicken den Kontakt zu seinem Körper zu bewahren, insbesondere den Kontakt und das Gefühl für seine eigene Wirbelsäule, das senkrechte Zentrum des Körpers.

Wir kennen alle das »Sich-groß-Machen« und »Aufrichten«, wenn wir vor einer schwierigen Situation stehen. Dieses Verhalten macht deutlich, dass wir uns vollkommen unbewusst und natürlich mit unserer Wirbelsäule als einem Körperteil beschäftigen, bei dem wir in schwierigen Situationen Kraft finden können. Es folgen nun fünf Übungen, die die Aufmerksamkeit auf die Wirbelsäule fördern. Bei diesen Übungen kann Musik sehr hilfreich sein, zum Beispiel Arvo Pärts Alina für die Übungen 20, 21, 22 und 23. Man kann die

Übungen hintereinander oder jede für sich machen, wenn man nur kurz einen Tempowechsel braucht.

Übung 20 – **AUF ALLEN VIEREN, KATZE**

- Stellt euch auf alle viere.

- Jetzt mach langsam ein Hohlkreuz. Beginne die Bewegung unten am Steißbein und folge ihr Wirbel für Wirbel bis zur Halswirbelsäule und zum Kopf.

- Danach krümme deinen Rücken. Die Bewegung beginnt unten am Steißbein und geht Wirbel für Wirbel in Richtung Halswirbelsäule. Sie endet damit, dass du auch den Kopf absenkst.

- Wiederholt die Bewegung, sodass ihr zwischen Hohlkreuz und Katzenbuckel abwechselt.

Übung 21 – **LIEGEN MIT AUSGANGSPUNKT IN DER WIRBELSÄULE**

- Legt euch auf den Rücken, winkelt die Beine an und stellt die Fußsohlen eben auf den Boden.

- Du sollst nun das Becken vom Boden heben und nach oben pressen, sodass sich der ganze Rücken, Wirbel für Wirbel vom Boden abhebt. Mach weiter, bis nur noch die Schulterblätter und die Füße den Boden berühren.

- Schiebe die Hände unter den Rücken und drücke die Hüfte so weit hoch, wie es nur geht. Bleibe eine Weile in dieser Position.

- Nimm die Hände weg und rolle dich langsam, Wirbel für Wirbel wieder ab. Bleibe einen Moment liegen und spüre deinen Körper.

- Wiederhole danach die Bewegung ein paarmal.

Übung 22 – STEHEND MIT AUSGANGSPUNKT IN DER WIRBELSÄULE

- Bildet Zweiergruppen. Wählt, wer A und wer B ist.

- A stellt sich hin, die Füße parallel nebeneinander, die Knie leicht gebeugt.

- B stellt sich neben ihn.

- A soll sich nun langsam nach vorn über seine Beine nach unten abrollen, Kopf und Beine sind dabei ganz entspannt.

- B folgt dabei mit seinen Fingern der Wirbelsäule von A, beginnend an den Nackenwirbeln bis hinunter zu den Lendenwirbeln.

- A spürt den Druck von Bs Fingern und lässt sie die Bewegung steuern, sodass die Finger und die Beugung synchron sind.

- Wenn A so weit unten wie möglich ist, geht die Bewegung wieder in die andere Richtung. B folgt As Wirbelsäule von der Lende bis in den Nacken und A folgt den Impulsen und kommt langsam abrollend wieder hoch.

- Tauscht die Rollen und wiederholt die Übung.

Nach dieser und der folgenden Übung kann man sich Rücken an Rücken mit gestreckten oder gebeugten Beinen hinsetzen und sich selbst und seinen Atem spüren, gleichzeitig aber auch den Kontakt zu dem anderen, während man darauf wartet, dass alle bereit für die nächsten Instruktionen sind. Seid aufmerksam darauf, dass ihr euer Gewicht selber tragt und angenehm sitzt.

Übung 23 – ZWEIERGRUPPEN. KATZE MIT HILFESTELLUNG

- A stellt sich auf alle viere. B stellt/setzt sich neben ihn.

- B soll nun nacheinander alle Lenden- und Rückenwirbel As drücken, Wirbel für Wirbel vom Ende der Lendenwirbelsäule bis hinauf zu den Schultern, wo der Nacken beginnt.

- A soll auf den Druck reagieren, indem er den Rücken genau dort senkt und beugt, wo B drückt.

- Nach jedem Druck kommt der Rücken wieder in eine waagerechte Position.

Es wird große Unterschiede geben, wie gut der Wirbel, der berührt worden ist, durch die Bewegung getroffen wird. Die meisten werden feststellen, dass es Bereiche am Rücken gibt, zu denen man nur schwer Kontakt bekommt. Das Wichtige ist, dass man seine Aufmerksamkeit auf den Wirbel richtet, auf den gedrückt wird.

Folgende Übung ist besonders dann richtig gut, wenn die Kinder oder Jugendlichen lange still gesessen haben und das Bedürfnis besteht, ein bisschen Energie loszuwerden, ohne die Erdung zu verlieren.

Übung 24 – WIRBELSÄULENTANZ

- An die Lehrkraft: Suchen Sie Musik, zu der man sich bewegen kann – am besten mit Schlagzeug.
- Stellt euch in einem Kreis auf und konzentriert euch auf eure Fußsohlen.
- Spüre den Kontakt zum Boden.
- Spüre deine Wirbelsäule vom Steißbein über die Lende, den Rücken bis hinauf zum Ende der Halswirbel.
- Richte die Aufmerksamkeit weiter auf deinen Kopf bis hinauf in deine Haarspitzen.
- Spüre, wie deine Atmung die Wirbelsäule bewegt.
- Folge dem Rhythmus der Musik. Wippe leicht auf und ab (beuge und strecke die Knie zur Musik).
- Zentriere dein Gewicht dabei nach unten, sodass die Bewegung nach unten geht.
- Bewege dich im Raum umher.
- Lege unterwegs ein paar Stopps ein, in denen du deine Füße, deine Wirbelsäule und deinen Atem spürst.
- Bewege dich umher und fokussiere deine Aufmerksamkeit auf deine Wirbelsäule.

Will man das Tempo etwas herausnehmen, sind im Übrigen die Grundübungen (Übung 1, 2, 3, 4 und 5) alle gut geeignet, bei denen die Schüler auf ihren Plätzen sitzen bleiben können. Man kann eine einzelne Übung auswählen oder mehrere zusammensetzen. Auch die Übung 25 eignet sich gut dafür, herunterzuschalten und eine Pause zu machen.

Übung 25 – MUSIKHÖREN

- Hört ein Stück ruhige Musik.

- Höre der Musik zu, und richte deine Aufmerksamkeit gleichzeitig auf deine Atmung oder dein Herz oder beides gleichzeitig.

Übung 26 aktiviert die Aufmerksamkeit, da sie die fokussierte Aufmerksamkeit und das Zuhören der ganzen Gruppe erfordert.

Übung 26 – IM KREIS BIS ZWANZIG ZÄHLEN

- Die ganze Gruppe soll gemeinsam bis zwanzig zählen, und zwar indem ihr in willkürlicher Ordnung eine Zahl nennt.

- Die Regeln sind wie folgt:

  - Alle schließen die Augen.

  - Man darf immer nur eine Zahl nennen.

  - Man darf sich mit dem Nebenmann nicht verabreden, jeweils dieselbe Zahl zu sagen.

- Wenn zwei oder mehrere Kinder/Jugendliche eine Zahl gleichzeitig nennen, fängt man von vorn an.

- Versucht es ein paarmal.

• Diese Übung kann variiert und fachspezifisch genutzt werden. Dafür werden die Zahlen durch Fachbegriffe ersetzt, zum Beispiel englische Ausdrücke, Formeln oder anderes.

• Die Übung verläuft wie zuvor, alle schließen die Augen und immer nur einer sagt etwas. Alle müssen ihre Wörter irgendwann sagen und man darf auch mehrmals zu Wort kommen. Man muss aber nicht von vorn anfangen, wenn einer oder mehrere etwas gleichzeitig sagen.

Ist das Energieniveau niedrig, kann Übung 27 angewendet werden, um wieder neue Energie zu tanken.

Übung 27 – IN EINER REIHE

• Bevor ich bis zehn gezählt habe, sollt ihr euch alle, ohne etwas zu sagen, in einer langen Reihe aufstellen, und zwar nach den Prinzipien:

- Die größeren links, die kleineren rechts.

- Die mit den lockereren Kleidern links und die mit den enger sitzenden Sachen rechts.

- Die dunkleren Augen auf der linken Seite, die helleren auf der rechten.

- – Die größeren Hände auf der linken Seite, die kleineren auf der rechten Seite.

- – Die mit einem Geburtstag in der ersten Jahreshälfte links und die anderen rechts.

  usw.

- Steht ihr in der Reihe, achtet für einen Moment auf euren Körper, eure Atmung und die anderen im Raum.

Übung 28 und 29 stärken die Fähigkeit, die Aufmerksamkeit zu gleichen Teil auf sein Inneres und auf die äußeren Geschehnisse zu richten.

*siehe Film auf
www.bornslivskundskab.dk*

Übung 28 – KLATSCHT EUCH AUS DER BALANCE

- Stellt euch in Zweiergruppen einander gegenüber.

- Es geht jetzt darum, den anderen dazu zu bringen, seine Füße zu bewegen.

- Man muss die Hände des anderen klatschen und ausweichen, wenn der andere zu schlagen versucht.

- Man darf einander nur an den Händen berühren.

- Schließt das Spiel mit einem Moment der Ruhe ab.

- Spürt eure Füße, eure Hände, euer Gesicht und euren Nacken.

- Seid aufmerksam auf euren Atem.

- Stellt euch in Zweiergruppen auf.

- Der eine hält dem anderen seine Handfläche vor das Gesicht.

- Die Hand bewegt sich in verschiedene Richtungen und das Gesicht folgt ihr, sodass immer der gleiche Abstand zwischen Hand und Gesicht ist.

- Tauscht die Rollen und wiederholt alles.

- Schließt das Spiel mit einem Moment der Ruhe ab.

- Spürt eure Füße, eure Hände, euer Gesicht und euren Nacken.

- Seid aufmerksam auf euren Atem.

Die Bedeutung der Pause

Neurowissenschaftliche Studien zeigen, wie die vielen nach außen gerichteten Aktivitäten, der Input und die schnellen Wechsel in unserem Alltag allesamt dazu beitragen, den Teil des autonomen Nervensystems zu aktivieren, der das System antreibt (Sympathikus), mit dem daraus resultierenden Risiko einer Überbelastung von Körper, Geist und Gemüt (Bech, 2012). Die Pause hingegen hilft, den Teil des autonomen Nervensystems zu aktivieren, der das Tempo aus dem Leben nimmt (Parasympathikus). Es ist wichtig, eine gewisse Balance zwischen den beiden Funktionen des Nervensystems zu wahren. Der Sympathikus steuert die Richtung, das heißt, die Fähigkeit, die Aufmerksamkeit zu fokussieren, und der Parasympathikus schafft den Raum, in dem vertrauensvolle Offenheit möglich ist. Arbeiten beide Seiten ausgeglichen miteinander, entsteht die Möglichkeit für eine offene, neutrale Achtsamkeit (mindfulness), ein optimale Ausgangssituation für Entwicklung und Lernen (Bech et al., 2012). Sie können den Sachverhalt Ihren Schülern leicht mit dem Bild des Fahrradfahrers erklären, der gleichzeitig schnell fahren und bremsen will. Auf diese Weise werden auch die Schüler leicht verstehen, dass die zwei Teile des autonomen Nervensystems im Gleichgewicht sein müssen. Nach Terjestam (2011) ist die entspannte Konzentration der optimale psychische Zustand für das Lernen. Es macht also durchaus Sinn, ein paar Übungen vorzustellen, die die Fähigkeit stärken, die Pause zu spüren.

Übung 30 – DIE PAUSE SPÜREN

- Setzt euch bequem auf euren Stuhl. Schließt eventuell die Augen. Sucht Kontakt zu euren Füßen und spürt sie.

- Spüre deine Füße von innen. Bewege sie etwas. Spüre deine Zehen. Spüre die Fußsohlen und den Boden unter deinen Füßen. Spüre deine Beine. Spüre, wie sich durch die Unterlage ein Kontakt in deine Füße und Beine fortsetzt.

- Suche Kontakt zu deinen Händen. Bewege sie etwas. Strecke und beuge die Finger. Spüre deine Hände von innen. Spüre deine Finger.

- Spüre deine Arme und wie sie mit deinem Körper verbunden sind.

- Spüre auch die Stellen, an denen dein Körper auf dem Stuhl ruht. Spüre dein Rückgrat, richte dich etwas auf und spüre nach, ob du den Kopf so hältst, dass du möglichst wenig Energie brauchst, um ihn zu halten. Entspanne die Muskeln in Nacken und Gesicht.

- Spüre jetzt deinen ganzen Körper auf einmal.

- Bleibe auf deinem Stuhl sitzen und sei mit deiner Aufmerksamkeit ganz im Hier und Jetzt. Lass sie auf das fokussieren, was sie will, und ändere nichts daran. Spüre deinen Körper, spüre das Leben in ihm, auch wenn du ganz still sitzt.

- Spüre, dass eine leichte Bewegung durch deinen Körper geht, wenn du atmest. Achte auf diese Bewegung und lass sie zu.

- Achte auf die Geräusche, die du hörst. Du sollst sie einfach nur registrieren.

- Spüre, dass es Gedanken gibt, die kommen und gehen. Spüre sie einfach, und lass sie kommen und gehen, ohne dich einzumischen.

- Betrachte deine Gedanken, wie du die Wolken am Himmel beobachtest.

- Vielleicht kannst du auch spüren, dass zwischen den einzelnen Gedanken eine kleine Pause ist. Registriere sie einfach und lass sie, wie sie ist.

- Wenn du so sitzt, spürst du vielleicht auch, dass Kopf und Körper zur Ruhe kommen, während du hellwach bist und ganz ruhig bemerkst, was in und außerhalb deines Körpers vor sich geht.

- Und jetzt bereite dich auf den weiteren Tag vor. Beweg dich etwas, öffne die Augen und sei bereit, den Tag fortzusetzen.

Übung 31 – **IN VERSCHIEDENEM TEMPO GEHEN**

- Geht im Raum herum.

- Sei aufmerksam auf dich selbst im Raum und achte auf deine Atmung.

- Sei aufmerksam auf die anderen im Raum, indem du darauf achtest, dich möglichst gut im ganzen Raum zu verteilen.

- Die Übung zielt primär darauf ab, dass ihr euch in verschiedenen Tempi bewegt. Es gibt fünf verschiedene:

  - 1 ist so langsam, wie ihr nur gehen könnt.

  - 2 ist gemächliches Schlendern, ihr habt viel Zeit.

  - 3 ist euer gewöhnliches Tempo.

  - 4 ist so, wie ihr geht, wenn ihr es eilig habt, ohne zu rennen.

  - 5 ist so schnell, wie ihr euch unter den gegebenen Umständen im Raum bewegen könnt.

- Der Lehrer nennt nun Zahlen von 1 bis 5 in willkürlicher Reihenfolge, zum Beispiel 1, 3, 2, 4, 3, 1, 5 usw., und ihr sollt das Tempo dann entsprechend den Zahlen ändern.

Kapitel 6

Kinder und Jugendliche, die herausfordern

1.–2. Klasse – Fokus auf den Lehrer

Der Schulbeginn ist ein Übergang von einer Phase des Lebens zu einer anderen. Heute wird viel unternommen, um diesen Übergang zu erleichtern, insbesondere vonseiten der Kindergärten, in denen das letzte Halbjahr der Kinder mehr und mehr an den Schulalltag angeglichen wird. Ich würde vorschlagen, eine gewisse Form von Balance auf beiden Seiten beizubehalten und auch einige der freieren Elemente aus den Kindergärten in der Schule zu berücksichtigen. Es sollte Rücksicht darauf genommen werden, dass die Kinder in allen nur erdenklichen Bereichen unterschiedlich weit sind, auch wenn sie das Gleiche biologische Alter und Geschlecht haben. In den letzten Jahren hat sich eine deutliche Tendenz abgezeichnet, dass die Hauptfächer mehr und mehr Gewicht bekommen und man Buchstaben und Zahlen bei der Einschulung intensiver trainiert als jemals zuvor. Für manche Kinder ist das ein Geschenk, sie lieben diese Herausforderung, den anderen aber – in einigen der jüngsten Klassen die Mehrzahl – fällt es sehr schwer, still auf ihrem Stuhl zu sitzen, zu schreiben, zuzuhören oder zu rechnen. Deshalb ist die oben vorgeschlagene Variation im Unterricht sehr wichtig. Außerdem sollte der Lehrer oder die Lehrerin ihre Aufmerksamkeit darauf richten, immer wieder das Tempo zu drosseln und einen Gang herunterzuschalten, sollte dies notwendig sein.

Aber auch wenn das alles bedacht und umgesetzt wird, wird es immer Kinder geben, die einen herausfordern. Diese Kinder brauchen eine Extraportion Nähe und Empathie von den Erziehern und Lehrern, wobei es häufig gerade diese Kinder sind, bei denen es einem sehr schwerfällt, empathisch und präsent zu sein.

Oft versuchen die Lehrer das Problem zu lösen, indem sie ausschließlich auf die herausfordernden Kinder achten. Es ist natürlich notwendig, sich dafür zu interessieren, welche Menschen einem gegenüberstehen – schließlich geht es darum, eine Beziehung zu ihnen aufzubauen –, aber dieser Ansatz reicht nicht aus. Man muss auch auf sich selbst achten, sich selbst in der Beziehung zu den anderen sehen. Besonders gilt dies, wie schon früher erwähnt, in den Situationen, in denen man sich, bedingt durch sein Alter, seine Erfahrung, seine Ausbildung und seinen Beruf, in einer Beziehung befindet, in der man deutlich mehr Macht hat als die Menschen, mit denen man zu tun hat. In diesen Fällen befindet man sich in einer sogenannten asymmetrischen Beziehung, in der man die Hauptverantwortung oder die ganze Verantwortung für die Qualität der Beziehung trägt.

Es ist recht unterschiedlich, was die verschiedenen Lehrer und Pädagogen herausfordert, wobei es bestimmte Verhaltensmuster und Handlungen gibt, die beinahe jeden reizen. Dies gilt zum Beispiel für die Form der Selbstunsicherheit, die bei vielen Kindern nach der Einschulung dazu führt, dass sie viel und sehr laut reden und die ganze Zeit über im Mittelpunkt stehen müssen. Es kann sich dabei um Kinder handeln,

- deren Eltern wirklich alles richtig machen wollen, die viele Bücher darüber gelesen und so den Kontakt zu sich selbst verloren haben, sodass sie nicht mehr auf ihre eigenen inneren Werte im Zusammensein mit den Kindern zurückgreifen können. Die Kinder haben so einerseits zu viel Beachtung bekommen, andererseits aber bei Weitem nicht den Raum, den sie für ihre Entwicklung bräuchten.
- deren Eltern so in ihr eigenes Leben eingespannt sind, dass für die Kinder nichts mehr übrig bleibt und sie dadurch viel zu wenig Erwachsenenkontakt hatten und haben.
- deren Eltern es schwerfällt, mit ihren Kindern einfach so zu Hause zu sein, und die deshalb immer irgendwelche Aktivitäten unternehmen müssen, sodass die Kinder konstant überstimuliert sind.
- die im Kindergarten unter mangelnder Nähe und Kontakt gelitten haben, kombiniert mit zu hohen Ansprüchen, zu vielen Unterbrechungen und Wechseln im Laufe des Tages.

An all diesen unterschiedlichen Ausgangsbedingungen kann man als Lehrer nicht viel ändern. Man sollte aber versuchen, einen konstruktiven Weg zu finden, mit den Eltern über das zu reden, was man sieht und was einem Sorgen bereitet. Vor allem sollte man aber an seinem persönlichen Kontakt gerade zu den Kindern arbeiten, die aus den unterschiedlichsten Gründen auf herausfordernde Art agieren und reagieren. Diese Arbeit kann sich auf die eigene Toleranz und Gelassenheit konzentrieren, auf seine Fähigkeit, anzuerkennen und zu integrieren. Es geht darum, seine Handlung nicht von der erstbesten Emotion leiten zu lassen, wenn der kleine Mathias zum zehnten Mal dazwischenfragt oder die anderen bei ihrer Arbeit stört. Man darf sich natürlich darüber ärgern, dass es nicht möglich ist, dem Plan zu folgen, den man für den Unterricht ausgearbeitet hat, aber trotzdem sollte man an seiner

Einstellung zu dieser Situation arbeiten: Man kann sich darauf vorbereiten, dass es solche Unterbrechungen geben wird, und lernen, den Kontakt zu seinen natürlichen Kompetenzen trotzdem zu bewahren. Das kann helfen, Präsenz und Aufmerksamkeit zu schärfen und an der empathischen Einstellung zu Mathias und den anderen festzuhalten. Das alles sind Faktoren, die die Authentizität und persönliche Autorität des Lehrers stärken.

Für die Kinder, die aufgrund verschiedener Belastungen in ihrem Leben ein Verhalten zeigen, das ihnen den Umgang mit den anderen erschwert, ist es von essenzieller Bedeutung, dass man einen Weg findet, mit ihnen zusammen zu sein und sie zu einem Teil der Gemeinschaft werden zu lassen. Wichtig ist dabei, dass die Arbeit mit den Übungen sich nicht so entwickelt, dass gerade diese Kinder weitere Niederlagen erleben. Ich habe die herausfordernden Kinder an anderer Stelle als Kinder beschrieben, die neben sich stehen, also nicht in sich ruhen. Aus verschiedenen Gründen ist es für sie zu schmerzhaft, sich selbst zu spüren, und sie empfinden auch schon lange nicht mehr, welch schmerzhafte Gefühle der negative Kontakt zu anderen auslösen kann. Dies ist der Grund dafür, warum ihre Handlungen anderen gegenüber nicht empathisch und wenig mitfühlend wirken.

Es ist deshalb in erster Linie wichtig, dass die Übungen gerade diesen Kindern helfen, sich wieder selbst zu finden. Die Erfahrungen zeigen uns, dass einige der Übungen den Kindern Schwierigkeiten bereiten werden, und das müssen wir anerkennen. Wenn es zum Beispiel darum geht, bei einer Entspannungsübung still zu liegen und seinen Körper zu scannen, und das für das Kind mit Unruhe und vielleicht sogar mit Schmerzen verbunden ist, so nützt es dem Kind vielleicht, an der Seite des Erwachsenen diese Entspannungsübung anzuleiten. Das Kind braucht möglicherweise einen »Anker« in Form einer Hand auf Arm oder Bein, sodass es auch physisch den Kontakt und die Fürsorge des Erwachsenen spürt und sich so etwas weiter in die Übung hineinwagt. Außerdem sollte es die ganze Zeit über statthaft sein, einfach still aufzustehen und zu gehen. Es geht bei diesen Übungen eben auch darum, dass die Kinder *selbst spüren*, was zu ihnen passt. Schließlich ist es ja das Ziel, den Kontakt zu seiner eigenen Mitte wiederherzustellen. Wenn es erlaubt ist, aufzustehen und zu gehen – statt weggeschickt zu werden, weil man nicht mehr still sein kann –, ist das Erspüren des eigenen Bedürfnisses ein Teil der kindlichen Entwicklung hin zur eigenen Mitte, ein notwendiger Schritt für die Ausbildung empathischer Fähigkeiten. Gerade durch die Anerkennung kann das Kind den Kontakt zu sich wiederfinden, wenn es aus guten und verständlichen Gründen nicht mehr in sich ruht.

Svinth hat das in seinem Zitat von Siegel folgendermaßen ausgedrückt:

> Wird den Gedanken und Gefühlen des Kindes mit Akzeptanz begegnet, können auch sie den Gefühlen und Gedanken der anderen mit Akzeptanz begegnen. (Svinth, 2010)

Svinth beschreibt weiter, wie sowohl die Selbstfürsorge als auch die Fürsorge für andere durch Anerkennung und Akzeptanz zunehmen und dass die Selbstfürsorge das Selbstbildnis des Kindes positiv beeinflusst, wodurch dann auch seine Lernmöglichkeiten zunehmen. Das sind nur einige der guten Gründe, die Gemeinschaft im täglichen Zusammensein mit den Kindern zu stärken.

In der Teamsitzung oder Supervision kann eine herausfordernde Situation mithilfe folgender Übung bearbeitet werden:

Übung 32 – **BEZIEHUNGSKOMPETENZ**

Man führt die Übung gemeinsam mit einem Gesprächspartner durch, der Fragen stellt und dabei mithilft, den Kontakt des Lehrers/Erziehers zu sich selbst zu stärken, indem er/sie ihn dazu bringt, möglichst detailliert und persönlich über das herausfordernde Geschehnis zu berichten.

1. Schritt:

Beschreiben Sie das Kind, wie Sie es sehen, zum Beispiel mithilfe von Ausdrücken und Handlungen, die Sie für den Betreffenden typisch finden. Es ist wichtig, dass der Lehrer/Erzieher anfangs detailliert ein bestimmtes Beispiel vorstellt und dabei die Ereignisse nur beschreibt, ohne sie zu analysieren. Ebenso sollte sich auch der Gesprächspartner mit klugen Ratschlägen zurückhalten. Da Details eine wichtige Rolle spielen, sollte der Ausgangspunkt immer eine konkrete Situation sein. Bleibt man zu allgemein, ist es dem Lehrer/Erzieher nicht möglich, präzise genug Kontakt mit seinen eigenen Reaktionen zu bekommen, um ein Bewusstsein für sein/ihr Verhalten in der entsprechenden, herausfordernden Situation zu erlangen.

2. Schritt

- Was macht das mit Ihnen?
- Welche Gedanken, Gefühle und Empfindungen spüren Sie in dieser Situation in Ihrem Körper?
- Wie ist in dieser Situation Ihr Kontakt zu den natürlichen Kompetenzen?

- Wie ist der Kontakt zu Ihrer Empathie, Ihrer Aufmerksamkeit, Ihren Gedanken, Ihrem Körper, Ihrer Atmung, Ihrer Kreativität?

- Achten Sie darauf, wo Sie sich guten Kontakt bewahren und wo Sie ihn verloren haben.

- Finden Sie eventuell heraus, wie Sie daran arbeiten können, den Kontakt wiederherzustellen, wo Sie ihn verloren haben, oder finden Sie heraus, ob Sie sich darauf konzentrieren sollten, den Kontakt zu stärken, der noch gut ist.

3. Schritt

- Richten Sie Ihre Aufmerksamkeit jetzt auf das Kind. Wie war es in dieser Situation? Jetzt dürfen Sie gerne analysieren.

  - Wie können Sie das Kind und seine Reaktionen verstehen?

  - Wenn Sie die Situation aus Sicht des Kindes betrachten, was treibt es zu seinem herausfordernden Verhalten?

  - Was vermisst das Kind in der entsprechenden Situation? Haben Sie eine Idee, welche Bedürfnisse des Kindes nicht gesehen oder anerkannt wurden?

  - Können Sie sehen, zu welchen natürlichen Kompetenzen das Kind den Kontakt verloren hat, und können Sie darauf aufbauend Übungen mit dem Kind und den anderen in der Klasse machen, die ebendiese natürlichen Kompetenzen stärken?

4. Schritt

- Was können Sie selbst ändern, um in entsprechenden Situationen konstruktiver zu agieren?

- Wie können Sie Ihr Verhalten auf das Verhalten des Kindes in der entsprechenden Situation abstimmen:

  - dem Kind mit Authentizität begegnen?

  - das, was Sie sehen und hören, aufnehmen und anerkennen?

  - gleichzeitig Ihre Botschaft übermitteln?

- Man kann für jeden Schritt 10 bis 15 Minuten aufwenden, und man kann nach dem zweiten Schritt anhalten und die Übung mit der Erkenntnis abschließen, was man selbst trainieren muss.

Das Wichtige an der Übung ist, sich immer seines eigenen Einflusses auf die Entwicklung der Situation bewusst zu sein. Auch wenn der Ausgangspunkt für die Reaktion des Lehrers natürlich das auffällige Verhalten des Kindes war, obliegt es der Verantwortung des Lehrers, so zu reagieren, dass die Situation oder der Konflikt vom Destruktiven zum Konstruktiven gewendet werden kann. Wenn man seine eigene Fähigkeit entwickelt hat, auch in Konfliktsituationen präsent und empathisch zu bleiben, so sind diese Situationen längst nicht mehr so abschreckend, und man kann lernen, das große Entwicklungspotenzial zu sehen und auszunutzen, das für alle Parteien in einem Konflikt steckt.

Ganztagsbetreuung

Die Ganztagsbetreuung ist häufig ein der Schule vor- oder nachgeschalteter Ort, an dem das Kind auch einen Teil seiner Freizeit verbringt. Freizeitaktivitäten und freies Spielen sollten deshalb in der Betreuung einen großen Raum einnehmen. Auf einige Kinder aber mag das freie Forum abschreckend wirken, hinzu kommt, dass ihr Bewegungsspielraum in vielen Fällen höchst eingeschränkt ist und ihre freie Entfaltung damit behindert. Erzieher oder Lehrer in einer Betreuungseinrichtung zu sein bedeutet also eine große Herausforderung, daneben aber auch eine spannende und erfüllende Aufgabe.

Ich bin in meiner Praxis einmal von einer verzweifelten Mutter angerufen worden, die ihren Sohn zum ersten Mal in der Betreuung der Grundschule abgeliefert hatte. Sie war von einem Erzieher mit einer Tasse Kaffee in der Hand empfangen worden, der ihr kaum Guten Morgen gewünscht hatte, sondern bloß auf einen Fernseher gezeigt hatte, vor dem bereits fünfzehn größere Kinder saßen und einen Film schauten, während der einzige gleichaltrige Junge ruhelos durch den Raum tigerte. Als die Frau den Erzieher darauf ansprach, antwortete er: »Ja aber, wir sind hier doch keine Bespaßungseinrichtung, die Kinder müssen sich schon selbst unterhalten.« Ich will mal davon ausgehen, dass dies nicht der Standard in unseren Betreuungseinrichtungen ist, andererseits war der Druck auf gerade diese Einrichtungen in der letzten Zeit sehr groß, sodass er sicher auch fachlich seine Spuren hinterlassen hat. Es ist deshalb wichtig, das Fachwissen und das Selbstverständnis der Erzieher dieser Einrichtungen zu stärken. Folgende Maßnahmen können dazu beitragen, dass sich auch in den Betreuungseinrichtungen ein sowohl für Erwachsene als auch Kinder anregendes, kreatives Milieu entwickelt.

Während man in der Schule meist mit kürzeren Trainings-
sequenzen der natürlichen Kompetenzen operiert, ergänzt
durch Pausen und Tempowechsel, um die Konzentration wieder auf das Fachliche zu richten, hat man in der Betreuung die
Möglichkeit, der Entwicklung der natürlichen Kompetenzen
mehr Raum zu geben. In Dänemark ist eine Schulreform ge-
plant, um den Kindern auch sogenannte Aktivitätsstunden zu
ermöglichen, in Deutschland, Österreich und der Schweiz
liegt den sogenannten »Klassenlehrer- oder Projektstunden«
ohne Fachbezug ein ähnlicher Gedanke zugrunde, hoffentlich unter Anleitung durch ausgebildetes Fachpersonal. In
diesen Stunden des Schulalltags kann Platz eingeräumt werden, um die Gemeinschaft zu fördern. Es kann ganz bewusst
daran gearbeitet werden, das Zusammengehörigkeitsgefühl
der Kinder zu entwickeln und damit natürlich auch die Empathie als eine wichtige Basis für das kreative Lern- und Entwicklungsumfeld. Es sollte auch möglich sein, verschiedene
Bewegungsübungen durchzuführen oder nach draußen in die
Natur zu kommen und diese für das Training zu nutzen. Dies
würde nicht nur den herausfordernden Kindern, sondern allen Kindern zugutekommen und wäre sicher eine wunderba-
re Möglichkeit, ein offenes, integrierendes Milieu zu schaffen.

Schaut man sich die folgenden Übungen genauer an, wird
schnell klar, dass ihr Inhalt nicht neu ist. Das Neue ist, dass
man als Lehrerin/Erzieherin seine Aufmerksamkeit auf das
richten soll, was man tut, und immer bestrebt sein sollte, in einer von Ruhe und Präsenz geprägten Atmosphäre möglichst
viele der natürlichen Kompetenzen gleichzeitig anzusprechen.

Übung 33 – **MASSAGE VON SCHULTERN UND RÜCKEN**

- Setzt euch in Zweiergruppen hin (wie in Übung 17 beschrieben) oder hintereinander, sodass ihr gleichzeitig massieren und Massage bekommen könnt.

- Die Massageübungen können variieren, zum Beispiel durch das Erzählen einer Geschichte, die die Massage führt.

- Man kann auch auf den Rücken des anderen zeichnen und ihn raten lassen, was man gezeichnet hat.

- Achtet bei der Übung auf die Atmung, die Füße, den Kontakt zueinander, wo die Hände des einen die Schultern oder den Rücken des anderen berühren.

Übung 34 – **MASSAGE VON BEINEN UND FÜSSEN**

- Hört eventuell ruhige Musik.

- Setzt euch auf einen Stuhl und schlagt das rechte Bein über das linke.

- Massiere den rechten Fuß, alle Zehen und das Bein, erst ein paarmal entlang dem Schienbein. Verwende dafür die Finger beider Hände, aber nicht den Daumen.

- Sei aufmerksam auf den Kontakt zwischen den Fingern und dem Bein und achte auf deinen Atem.

- Massiere danach die Innenseite des Schienbeins und die Wade mit den Daumen und ende unten im Bereich der Achillessehne.

- Wechsele das Bein und mach dasselbe noch einmal.

Übung 35 – **SPIEL: GRÜN UND ROT**

- Jeder sucht sich im Stillen eine Person aus, die rot, und eine, die grün ist. Nur man selbst weiß, wer rot und wer grün ist.

- Geht verteilt durch das Klassenzimmer.

- Ihr sollt die ganze Zeit über möglichst nah bei der grünen und möglichst weit entfernt von der roten Person sein.

- Spüre deine Füße und deinen Atem, während du gehst.

Übung 36 – **SPIEL: DREIECK**

- Wählt zwei Leute aus. Ihr dürft nicht sagen, wen ihr ausgesucht habt.

- Stellt euch so hin, dass ihr ein Dreieck mit den zwei anderen bildet und alle den gleichen Abstand habt.

- Bewegt euch, bis alle die richtige Platzierung gefunden haben.

Übung 37 – **SPIEL: BLINZELN**

- Stellt euch in einen Kreis, einer geht in die Mitte. Derjenige, der in der Mitte ist, muss versuchen, in den Kreis zu kommen.

- Richtet den Blick nach vorn, registriert aus den Augenwinkeln aber trotzdem die ganze Gruppe.

- Sucht Augenkontakt zu jemandem, blinzelt, wenn ihr Kontakt bekommen habt. Wenn der andere zurückblinzelt, müsst ihr die Plätze tauschen. Derjenige, der in der Mitte steht, versucht, einen der freien Plätze zu erobern.

- Gelingt es, ist jemand anderes in der Mitte.

- An den Erzieher: Halten Sie das Spiel zwischendurch einmal an und bitten Sie die Kinder, auf ihre Körper und ihre Atmung zu achten.

Weiterentwicklung des Spiels:

- Stellt euch paarweise nebeneinander im Kreis auf und lasst ein Paar in die Mitte. Nun müssen die Paare die Plätze tauschen und das Paar in der Mitte muss versuchen, in den Kreis zu gelangen.

- Statt zu blinzeln wie in der ersten Runde, sollt ihr nun einem anderen Paar zuwinken, das das Winken erwidern muss, damit ihr die Plätze tauscht.

- Nach einer Weile ersetzt ihr das Winken durch Zurufen, bevor ihr die Plätze tauscht.

- Beendet das Spiel damit, dass alle im Kreis stehen und die Stimmung empfinden, die durch das Spiel entstanden ist. Hat es Spaß gemacht, war es langweilig, anstrengend oder irgendwie anders?

Übung 38 – IN DER NATUR: FEUER

In der Natur findet sich eine Vielzahl von Möglichkeiten, um die Aufmerksamkeit der Kinder, die Präsenz und Empathie zu stärken. Man kann von der Betreuung aus kurze Spaziergänge machen oder zu einer Grillstelle gehen und mit den Kindern Feuer machen. Helfen Sie ihnen, ihre Aufmerksamkeit auf den Umgang mit dem Feuer zu richten, zu spüren, wie dicht man am Feuer sitzen und seine Wärme und Kraft empfinden kann.

Übung 39 – IN DER NATUR: GROUNDING

Es erfordert große Aufmerksamkeit und Konzentration, Holz für ein Feuer zu hacken. Es ist in diesem Zusammenhang angeraten, Groundingübungen zu machen, durch die man fest auf dem Boden steht und Kontakt zum Schwerpunkt seines Körpers bekommt (circa vier Finger unter dem Nabel). Man kann dies tun, indem man sich vorstellt, dass man durch den Schwerpunkt seines Körpers Luft holt und durch seine Füße wieder ausatmet. Wiederholt diese Übung ein paarmal, bevor ihr mit der Axt loslegt.

Übung 40 – IN DER NATUR: ORDNUNG UND FOKUSSIERUNG

Auch die Arbeit mit einem Messer, zum Beispiel beim Anspitzen von Ästen für Stockbrot, erfordert Fokussierung und Präsenz. Die Fähigkeit zur Fokussierung kann man stärken, indem die Kinder lernen, in einem kleinen Bereich um sich herum aufzuräumen und Ordnung zu schaffen. Danach können sie ihre Energie auf die Arbeit mit dem Messer fokussieren, ohne abgelenkt zu werden.

Übung 41 – **TEIG KNETEN**

Das Kneten und die Arbeit mit Teig beeinflussen die Atmung und den Körperkontakt, sodass man eine breitere Basis bekommt, um Nähe und Aufmerksamkeit zu stärken. Teig für andere zu machen stärkt überdies die Zusammengehörigkeit und das Gemeinschaftsgefühl.

Übung 42 – **IN DER NATUR: BALANCE**

Die Natur bietet auch die Gelegenheit für eine Reihe von Gleichgewichtsspielen, zum Beispiel das Springen von Stein zu Stein oder das Vermeiden bestimmter Dinge am Boden, wie Wurzeln, Steinen, Sand usw.

Übung 43 – **IN DER NATUR: SINNE**

In der Natur kann man innehalten und lauschen, sehen, schmecken, spüren oder sich einfach auf den Boden legen, die Erde spüren, in den Himmel blicken und die Wolken registrieren, die vorbeiziehen. Oder man kann auf die Stille lauschen, den Regen, die Blätter oder einfach alle Sinne schärfen und einfach da sein.

3.–6. Klasse

Gerade in dieser Zeit ist der Schultag für viele Kinder richtig lang, weshalb es noch wichtiger ist, Pausen zu machen und im Laufe des Tages mehrmals ganz bewusst das Tempo zu wechseln. Gleichzeitig wird es aber auch leichter, Zeit und Gelegenheiten zu finden, an die natürlichen Kompetenzen zu erinnern, die den Weg zur inneren Erfülltheit weisen, zu Stärke und Entscheidungskraft – alles Qualitäten, die die Kinder im Laufe ihres Tages immer wieder brauchen. Für den Lehrer liegt die Schwierigkeit sowohl in der Beziehung zu den Kindern, die durch ihr Verhalten herausfordern, als auch zu denen, die weit vom Durchschnitt abweichen, also entweder außergewöhnlich begabt sind oder Lernschwierigkeiten haben. Es ist wichtig, ein Umfeld zu schaffen, das durch einen hohen Grad an Unterrichtsdifferenzierung dennoch integrativ ist.

Die Übungen, die im Zusammenhang mit den Themen Einschulung und Betreuung genannt worden sind, können auch in diesen Klassenstufen angewendet werden. Aber in dieser Altersgruppe gibt es besondere Herausforderungen: Mit den fachlichen Anforderungen steigen auch die Anforderungen an die Konzentration und an die Fähigkeit der Schüler, sich über längere Zeit – länger, als sie eigentlich Lust haben – einer ganz bestimmten Aufgabe zu widmen. Pflicht und Selbstdisziplin spielen im Leben jetzt eine immer größere Rolle, und deswegen ist es wichtig, den Jugendlichen zu vermitteln, wie sie Ruhe und Freude an einer Aufgabe finden, die vielleicht nicht superspannend ist, für deren Lösung man aber trotzdem Präsenz, Aufmerksamkeit und Konzentration braucht.

Solche Aufgaben lösen häufig körperliche oder gedankliche Unruhe aus. Da helfen Übungen, die einem die Chance geben, diese Unruhe abzulegen, um sich danach wieder auf seine Aufgabe konzentrieren zu können. Körperliche und gedankliche Unruhe können natürlich auch aus anderen Gründen entstehen, zum Beispiel, weil die Aufgabe für den Jugendlichen zu schwer ist oder weil der Jugendliche im Augenblick Schwierigkeiten in der Familie oder mit seinen Freunden hat. Die unten stehenden Übungen können unabhängig von der Ursache der Unruhe angewendet werden:

Übung 44 – STUHLKLETTERN

- Stellt euch vor einen Stuhl.

- In einer Minute sollt ihr so oft wie möglich auf den Stuhl steigen und wieder nach unten klettern.

- Danach macht ihr das noch einmal, nur dass ihr jetzt im Laufe einer Minute nur ein einziges Mal wie in Zeitlupe auf den Stuhl und wieder nach unten steigt, wobei ihr euch aber die ganze Zeit über bewegen sollt.

- Macht es ein letztes Mal, aber dieses Mal mit geschlossenen Augen. Wieder habt ihr eine Minute Zeit.

- Schließt damit, dass ihr euch auf den Stuhl setzt.

- Spüre deinen Körper.

- Spüre Hände, Füße, Gesicht und Nacken.

- Achte auf deinen Atem.

- Achte auf dein Herz.

- Spüre den Körper, die Atmung und das Herz gleichzeitig.

Übung 45 – **LACHÜBUNG**

- Legt euch alle auf den Boden.

- Bildet einen Kreis, bei dem alle mit dem Kopf auf dem Bauch eines anderen liegen.

- Jetzt sollt ihr beginnen zu lachen.

- Es macht nichts, dass dieses Lachen künstlich ist. Macht einen Moment weiter.

- Vielleicht beginnt ihr, richtig zu lachen, vielleicht bleibt es aber auch künstlich, beides ist in Ordnung.

- Legt euch einzeln hin.

- Spüre deinen Atem.

- Spüre die Impulse in deinem Körper.

- Spüre dein Herz.

- Spüre Körper, Atmung und Herz gleichzeitig.

In diesen Klassen kann man zwischendurch die Übungen auch von den Kindern und Jugendlichen selbst anleiten lassen. Wichtig ist in diesem Zusammenhang, auf die Prinzipien der Übungen zu achten:

Ist man erst einmal vertraut mit den Übungen der natürlichen Kompetenzen, geht es darum, eine nach der anderen anzusprechen, bis mindestens drei davon gleichzeitig aktiviert sind. Man muss auch an die Pausen und deren Bedeutung denken. Außerdem ist es wichtig, dass die Lehrerin/Erzieherin die inneren Übungen immer gemeinsam mit den Kindern/Jugendlichen macht und dabei so präsent ist wie eben möglich. Die Lehrer und Erzieher müssen selbst mit den Übungen vertraut sein, das heißt, sie müssen sie eine Zeit lang selbst praktiziert haben, bevor sie sie den Schülern vorstellen.

Der Aufmerksamkeitszirkel (Übung 19) und Übungen, bei denen man mit Tempowechseln arbeitet, passen auch gut in den oben genannten Zusammenhang. Viele der herausfordernden Kinder, die wir im Vorangegangenen mit den Worten »neben sich stehen« beschrieben haben, haben Probleme mit der Balance zwischen Sympathikus und Parasympathikus im autonomen Nervensystem. Sie können nicht von alleine einen Gang hoch- oder runterschalten, und deshalb kommt es ihnen sehr zugute, wenn im Laufe des Tages bewusst mit den einzelnen natürlichen Kompetenzen gearbeitet wird, insbesondere mit Atmung und Körper (siehe Seite 117). Die langsame, tiefe Atmung hilft, den Parasympathikus zu aktivieren und damit auch die Fähigkeit, etwas langsamer zu machen. Das Gleiche gilt für die Übungen, die die Verbindung mit der Erde und die Tiefensensibilität (Wahrnehmung bestimmter Reize aus dem Körperinneren) stärken, wie folgende kleine Übung:

Übung 46 – KLATSCHÜBUNG

- Stellt euch hin. Spürt eure Fußsohlen.

- Klatsche auf die Außenseite deiner Beine, und zwar von unten bis zur Hüfte und fahre dann auf der Innenseite der Beine fort, dieses Mal von oben nach unten. Mach das drei-, viermal und ende oben an der Hüfte.

- Schlag mit geballten Fäusten auf deine Pobacken. Du darfst ruhig richtig kräftig schlagen.

- Klatsche dann mit der flachen Hand auf deinen Bauch.

- Klatsche jetzt mit der rechten Hand auf die Oberfläche der linken Hand. Du beginnst mit der linken Hand und klatschst über den Arm entlang nach oben zur Brust, wo du die Hand wechselt, sodass jetzt die linke Hand auf den rechten Arm klatscht, und zwar von der Schulter nach unten. Es entsteht eine Art Klatschzirkel. Wenn du an der rechten Hand angelangt bist, wechselst du wieder auf die Seite, mit der du angefangen hast. Wiederhole das vier-, fünfmal.

- Lege nun beide Handflächen nebeneinander an die Stirn und streiche ein paarmal nach außen, sodass sich die Haut glättet.

- Massiere den Mittelpunkt deiner Stirn leicht mit den Handflächen. Schläfen und Kiefer werden dann mit den Fingerspitzen massiert. Streiche dir zum Schluss ein paarmal über das ganze Gesicht.

- Konzentriere dich zum Schluss auf deine Ohren: Ziehe sie zur Seite und nach unten. Wenn du willst, kannst du dazu Geräusche machen, die du passend findest.

- Steh ganz still. Spüre die Energie und die Impulse in deinem Körper.

- Spüre deinen Atem.

- Atme ein paarmal tief durch.

In anderen Situationen können Übungen angewendet werden, welche die Kreativität stärken. Man kann Kinder/Jugendliche auffordern, darauf zu achten, wo die Kreativität herkommt. Das geht zum Beispiel, indem man in einer Ideenphase innehält und versucht, zum Ursprung der Idee zurückzufinden –

eine ungewöhnliche und auf den ersten Blick recht schwere Übung! Wie bei den anderen natürlichen Kompetenzen kann man auch in Bezug auf die Kreativität mit seiner Aufmerksamkeit zwei unterschiedliche Wege beschreiten: nach innen hin zum Ursprung der Kreativität und nach außen mit Fokus auf die Umsetzung der Kreativität in eine Handlung. Auch hier sollte das Gleichgewicht zwischen beiden Richtungen gewahrt bleiben, wobei es den meisten erst einmal schwerfällt, den Fokus auf den Weg nach innen zu legen.

Übung 47 – WO KOMMT DER IMPULS HER?

- Das Ziel dieser Übung ist es, die Impulse zu entdecken, die wir bekommen und die unser tägliches Handeln steuern.

- Die Regeln lauten: Ihr dürft stehen, sitzen und liegen. Sonst nichts. Ihr könnt zwischen den einzelnen Positionen abwechseln.

- Ihr sollt euch nur dann bewegen, wenn ihr einen deutlichen Impuls zu handeln spürt.

- Es gibt zwei Fallen, auf die ihr aufmerksam sein müsst:

  1. Man kann übertreiben und sich bewegen, ohne wirklich einen Impuls gespürt zu haben.

  2. Oder das Gegenteil: In seinem Eifer, Impulse zu spüren, kann man diese über-»hören« und nicht handeln.

- An den Lehrer: Legen Sie Musik auf, die Sie und die Schüler mögen, und beginnen Sie mit der Übung.

Sie darf ruhig Zeit in Anspruch nehmen, damit die Jugendlichen auch die Chance haben, in die Übung hineinzufinden.

- Spüre während der Übung, dass die Impulse teils aus deinem Innern kommen, teils von der Musik, teils von den anderen im Raum. Steht jemand auf, gibt das vielleicht auch dir den Impuls, aufzustehen.

- Schließe die Übung damit ab, dass du dich auf einen Stuhl setzt. Schließe die Augen. Spür deinen Atem. Spüre, dass der Stuhl dich stützt. Spüre deine Füße, deine Hände, dein Gesicht.

- Denke jetzt zurück an die Übung.

- War es für dich möglich, die Impulse zu spüren und unmittelbar auf sie zu reagieren?

- Oder war es schwer? Wenn es schwer war: Was ist dann passiert? Warst du irritiert? Hattest du Lust, etwas anderes zu machen?

- Versuche, den Impuls zu spüren, der der Irritation zugrunde liegt, oder was du sonst während der Übung gespürt hast. Gehe einen Moment lang diesen Empfindungen nach.

- Öffne die Augen.

Die nächste Übung hat Charlotte Weppenaar teils mit dänischen, teils mit elternlosen HIV-infizierten südafrikanischen Kindern mit guten Resultaten ausprobiert. Das zeigt, dass Kinder mit sehr verschiedenen Lebensumständen und Möglichkeiten einen Nutzen aus diesen Übungen ziehen können. Das übergeordnete Ziel der Übung ist es, das Zusammengehörigkeitsgefühl mit andern Menschen und mit dem Universum, von dem wir alle ein Teil sind, zu stärken. Es geht darum, den Kindern einen besseren Kontakt zu ihrer eigenen Mitte und zu den Elementen der Natur zu ermöglichen – Erde, Wasser, Feuer und Luft. Die Übung sollte ein Teil einer Themenarbeit sein, da sie Zeit braucht und über mehrere Tage verteilt werden sollte.

Übung 48 – MANDALAZEICHNEN – DIE VIER ELEMENTE

- Beginnt die Übung mit ein paar der bereits vorgestellten Übungen, welche die Gemeinschaft und das Zusammengehörigkeitsgefühl stärken. Das können die *Massage* sein (Übungen 17 und 33), die Spiele *Rot/Grün, Blinzeln* oder *Dreieck* (Übung 35, 36 und 37), die Übung *Folge der Hand* oder *Klatscht euch aus der Balance* (Übung 28 und 29) oder andere, die der Lehrer selbst auswählen kann.

- Beendet die Übungen, indem ihr euch im Kreis hinsetzt und euch bei den Händen haltet. Nach einer Weile lasst ihr euch los und spürt euer Herz. Der Lehrer kann dann fragen, welche Farbe das Kind oder der Jugendliche im Herzen hat und welche Gefühle dort sind.

- Danach bekommt jedes Kind ein Blatt kräftiges Papier (A3 oder größer), und mithilfe eines Topfdeckels oder mit etwas anderem zeichnet das Kind/der Jugendliche einen so großen Kreis, dass ringsherum noch Platz auf dem Papier ist. In die Mitte des Kreises zeichnet das Kind/der Jugendliche je nach Lust sein Herz oder sich selbst. Jeder soll still zeichnen.

Wenn beim nächsten Mal mit dem Mandala gearbeitet wird, beginnt man als Ausgangspunkt bei den verschiedenen Elementen, wobei jedes für sich durchgearbeitet werden soll. Man kann das auf sehr unterschiedliche Art und Weise machen. Dabei können auch Aspekte zum Tragen kommen, die man vorher im Unterricht behandelt hat. Es folgt eine Liste mit wichtigen Begriffen, welche die Basis für die Arbeit mit den einzelnen Elementen bilden können:

Erde: Geruchssinn, Erdfarbe, Berge, Gräber, Samen und Pflanzen, rote Früchte und Blumen, Musik mit Trommeln, tiefe Geräusche, Tanz, Entspannung, Massage, Innen und Außen des Körpers, Arbeit mit Lehm, Arbeit mit Mineralien, Tiere unter der Erde, große Landtiere, Elefanten, Pferde.

Wasser: Meer, Regenwetter, Tropfen, Bäche, Seen, Flut, Eis, Kälte, Schnee, Schlittschuhe, Wolken, Schwimmen, im Wasser treiben, mit Wasser spielen, Wellen, Kleider waschen, Wasser trinken, mit Wasserfarben spielen, orange Früchte und Blumen malen.

Feuer: Sonne, die Farbe gelb, Feiern und Feste, Wärme, Funken, Blitz, Donner, Lagerfeuer, Streichhölzer, Raketen, Feuerzeug, Feuer mit Erde und Wasser löschen, innerer Sonnenschein oder dunkle Wolken, Feuer im Bauch oder Kälte, Essen kochen, backen.

Luft: Wind, Sturm, Atmung, Singen, Schweben, Ballone, Drachen, Schmetterlinge, Vögel, fliegende Insekten, Flügel, Superhelden, Himmel, frische Luft, Feuer im Blut, Bäume und die grüne Natur, Blätter, Blumen, Regenbogen, Wolken, Tornados.

Oben genannte Stichworte können zu Aktivitäten in Zusammenhang mit den verschiedenen Elementen inspirieren. Es wird immer einzeln mit jeweils einem Element gearbeitet, und wenn dieses Element durchgearbeitet ist, bekommen die Kinder/Jugendlichen die Aufgabe, das Element in ein Viertel ihres Mandalas zu zeichnen, sodass das Mandala komplett ausgefüllt ist, wenn alle Elemente behandelt worden sind. Nach jeder Arbeit mit dem Mandala wird mit den Kindern darüber gesprochen, was sie unterwegs erlebt haben und was für sie am wichtigsten, spannendsten, langweiligsten, berührendsten, inspirierendsten usw. war.

Universum: Bleibt das Universum, mit dem man, ausgehend von folgenden Stichworten, arbeiten kann: Himmelsraum, der blaue Himmel, Nacht, schwarz, Dunkel, dunkle Sterne, blaue und violette Farbe, Planeten, Mond. Nach innen und außen lauschen, sprechen, Sprache, Geräusche, Stille, Platz fühlen, träumen, Abenteuerreisen. Fantasiereisen, Tod und Geburt. Im Universum man selbst sein.

Die Erlebnisse der Kinder/Jugendlichen während der Arbeit mit dem Universum werden außen um den Kreis des Mandalas gezeichnet.

Die Kinder/Jugendlichen können einander die Mandalas anschließend zeigen und sich darüber austauschen.

Die Erkenntnis, dass sogar die alltäglichsten Situationen und Handlungen Kreativität oder kreative Anpassungen erfordern, wie zum Beispiel die Antwort auf eine Frage (Jensen et al., 2012) oder das Bewegen im Raum, kann den Blick für diese natürliche Kompetenz öffnen und sie stärken. Ist man sich dessen bewusst, können auch die etwas routinemäßigeren Übungen einen Anflug von Kreativität bekommen, wodurch diese Aufgaben für manche interessanter werden.

In den Klassen 3 bis 6 steigt die Bedeutung der Kameradschaft für die Kinder und Jugendlichen. Nach der Phase der Vertrautheit mit den Eltern wächst das Kind nun in Bereiche hinein, in denen die Vertrautheit mit den Gleichaltrigen von Bedeutung ist. Deshalb ist es auch für diese Altersgruppe ungeheuer wichtig, dass der Sinn für die Gemeinschaft, einfühlsame Anerkennung, ins Bewusstsein gerückt wird, ebenso wie der Kontakt zu sich selbst, die Gegenwärtigkeit und das In-sich-selbst-Ruhen gestärkt werden. Auch wenn die Anlagen dazu von Beginn an gegeben sind – wir alle besitzen die natürlichen Fähigkeiten, mit denen wir hier arbeiten –, entwickeln sich diese Fähigkeiten nicht in einem sozialen Leerraum, sondern nur in Beziehung zu Erwachsenen und erfahreneren Menschen, welche die Kinder anleiten können, sich den Kontakt zu diesen wichtigen Qualitäten zu bewahren.

Übung 49 – VARIATION DER AUFZUGÜBUNG

- Die Übung kann im Sitzen und im Stehen ausgeführt werden.

- Richte deine Aufmerksamkeit auf das Zentrum deines Kopfes. Stelle dir deinen Kopf als Kugel vor und gehe mit deiner Aufmerksamkeit in die Mitte dieser Kugel.

- Konzentriere dich etwa eine halbe Minute darauf, bis du einen guten Kontakt zu diesem Punkt hergestellt hast.

- Verlasse jetzt den Kopf und verschiebe deine Aufmerksamkeit zum Zentrum deines Körpers – ca. vier Fingerbreit unter dem Nabel. Halte deine Aufmerksamkeit eine halbe Minute dort, bis du spürst, dass du einen guten Kontakt zu dem Punkt bekommen hast.

- Verbinde nun mit deinem Atem Kopf und Körper.

- Beginne damit, dir vorzustellen, dass du durch den Punkt mitten im Kopf Luft holst und dich beim Einatmen zu dem Punkt mitten im Körper hinbewegst.

- Stelle dir beim Ausatmen vor, dass du vom Zentrum des Körpers durch deine Beine und Füße in die Erde unter dir atmest.

- Du schließt die Übung nach ein paar Minuten ab.

Die Übung ist gut als Einleitung für die nächste Übung geeignet.

Übung 50 – **BANDANA**

- Ihr macht diese Übung in Zweiergruppen. Einer hat eine Binde vor den Augen (A), der andere führt A auf einer kurzen Wanderung. Dann tauscht man die Rollen. Die Übung sollte vorzugsweise draußen in der Natur gemacht werden, ist aber auch drinnen umsetzbar. Man kann sie barfuß oder mit Schuhen machen.

- A und B sprechen sich ab, wie das Führen stattfinden soll, das heißt, wie viel Hilfestellung A zu brauchen glaubt und wie das ausschauen kann.

- Die eigentliche Übung verläuft schweigend. B führt A zum Beispiel durch leichte Berührungen der Ellenbogen und sorgt so dafür, dass A sich nicht verletzt.

- A spürt, wie die anderen Sinne aktiviert werden, wenn man nichts mehr sieht.

- A stellt sich vor, mit dem Mittelpunkt des Körpers zu »sehen«, und lässt seine Bewegung von diesem Punkt her ausgehen.

- Beide spüren ihre Füße und ihren Atem.

- Nach fünf bis zehn Minuten tauschen A und B die Rollen.

- Erst nachdem beide sich haben führen lassen, spricht man über die Erlebnisse, die man unterwegs hatte.

Übung 51 – SPIEGELÜBUNG

- Findet euch in Zweiergruppen zusammen.

- Stellt euch voreinander. Sprecht ab, wer führt (A) und wer folgt (B).

- A beginnt sich zu bewegen und B spiegelt die Bewegungen so präzise wie möglich.

- Beginnt die Bewegung erst einmal mit den Händen und führt sie langsam aus. Später könnt ihr euch herausfordern und schwierigere, schnellere Bewegungen machen.

- Denkt daran, dass es um die Zusammenarbeit geht. Ihr sollt die Bewegungen so gleichförmig wie nur möglich machen, sodass man nicht erkennen kann, wer führt und wer folgt.

- Achtet auf euren Atem und spürt eure Gedanken.

- Tauscht die Rollen, sodass B führt und A folgt.

- Versucht, ohne Absprache zu beginnen, wer führt und wer folgt.

- Tauscht unterwegs die Rollen – auch dies, ohne vorher Zeichen zu geben.

Übung 52 – KOPIETANZ

- Hört Musik, die zu eurer Gruppe passt. Alle sollen tanzen.

- Jetzt soll der Körper nach bestimmten Prinzipien bewegt werden:

  - Lasst euch von verschiedenen Körperteilen führen.

  - Tanzt auf verschiedenen Niveaus: auf dem Boden, auf einem Zwischenniveau und so weit oben, wie ihr es schafft.

  - Tanzt verschiedene Bilder: eine Sportart, im Wasser, mit Ballons um die Arme.

  - Findet selbst weitere Varianten.

  - Bewahrt euch während der ganzen Zeit den Kontakt zu eurem Atem.

  - Spürt euren Körper, während ihr den Kopietanz ausführt.

- Kopiert einander.

- Entdeckt eine bestimmte Bewegung und kopiert sie, findet eine neue und kopiert auch diese.

- Fahrt mit dem Kopieren fort, auch wenn sich die Bewegungsaufgaben ändern.

Übung 53 – FLOSS MIT GLEICHZEITIGEM START UND STOPP

- Zu dieser Übung könnt ihr gerne Musik hören.

- Geht im Raum herum und stellt euch vor, dass der Raum ein Floß ist und dass dieses Floß nicht kentern darf. Das bedeutet, dass ihr euch die ganze Zeit über so verteilen müsst, dass nirgends zu viele Leute auf einmal sind.

- Füllt die Bereiche, in denen niemand ist.

- Versucht, ob ihr eure Aufmerksamkeit gleichzeitig auf den Raum, die anderen und euren Atem – das heißt auf euch selbst – richten könnt.

- Ihr bekommt jetzt noch eine Aufgabe: Ihr sollt zu einem bestimmten Zeitpunkt alle gleichzeitig innehalten. Ihr dürft euch auf keine Weise Zeichen geben. Ihr sollt spüren, wann alle stoppen.

- Danach sollt ihr auch wieder gleichzeitig weitergehen.

- Denkt daran, dass ihr harmonieren sollt. Die Aufgabe ist erst gelöst, wenn die ganze Gruppe mitmacht. Wenn zum Beispiel einer nicht bemerkt hat, dass alle anderen stehen geblieben sind, geht weiter, damit diese Person wieder Teil der Gruppe ist.

7.–9. Klasse

Mit Mittelstufenschülern an den natürlichen Kompetenzen zu arbeiten kann deutlich leichter, aber auch deutlich schwerer sein als mit anderen Altersstufen. Leichter, weil sie entsprechend ihrem Alter und ihrer Schulbildung eine größere geistige Kapazität haben; sie verstehen mehr, greifen die Instruktionen schneller auf und können länger still sitzen als jüngere Kinder. Gleichzeitig ist die Pubertät eine Periode, in der sowohl physiologisch als auch psychologisch und existenziell so viel passiert, dass es schwer sein kann, noch mehr aufzunehmen. Das kann die Übungen erschweren, insbesondere, wenn man sie erst jetzt einführt. Überdies kommt der Gruppe eine noch größere Bedeutung zu als bei den unteren Klassen, sodass die Entscheidung des Einzelnen, ob eine neue Maßnahme okay ist, unter Umständen nicht ausreicht, weil sein Blick sich immer darauf richtet, was die anderen über das Neue, das der Lehrer einführen will, meinen.

Aus vielen verschiedenen Gründen ist es trotzdem wichtig, die Übungen gerade auch in dieser Altersgruppe ein- oder weiterzuführen. Untersuchungen aus Skandinavien und anderen Teilen der Welt zeigen, dass die Jugendlichen zunehmend unter Stress mit den dazugehörigen psychischen und physischen Symptomen leiden (Terjestam, 2010). Von verschiedenen Schuldirektoren haben wir gehört, dass ansonsten tüchtige Jugendliche in Prüfungssituationen zusammenbrechen, weil sie es einfach zu gut machen wollen, und dies bei den Jugendlichen, die über eine längere Zeit an dem Training der natürlichen Kompetenzen teilgenommen haben, nicht der Fall ist. Bei ihnen ist der Kontakt zur eigenen Mitte gestärkt, sie ruhen deutlich mehr in sich, sind mit sich und den anderen in Kontakt, sind aufmerksamer und fokussierter und in der Gemeinschaft, zu der sie gehören, freundlicher, empfänglicher und freigiebiger (Terjestam, 2010). Vor Kurzem sagte eine junge Studentin zu uns: »Ich weiß wirklich nicht, wie ich das geschafft hätte, wenn ich in all den schweren Situationen nicht diese Übungen gehabt hätte – ich fasse echt nicht, wie man das ohne schaffen kann!« Trotz eventueller Schwierigkeiten macht es also wirklich Sinn, auch und gerade in dieser Altersgruppe mit den Übungen zu beginnen oder sie fortzuführen.

In den Teenagerjahren muss man sehr viele Entscheidungen treffen, und die Wichtigkeit, Verantwortung für sein Leben zu übernehmen, wird in diesen Jahren sehr deutlich. Die Ansprüche wachsen, fachlich wie sozial, und die persönlichen Weichenstellungen, die man treffen muss, können Auswirkungen auf das ganze Leben haben. Außerdem müssen die Jugendlichen beginnen, sich mit der Gesellschaft als solcher auseinanderzusetzen, um bereit zu sein, mit 18 Jahren ein erwachsener und mitverantwortlicher Bürger unserer demokratischen Gesellschaft zu sein. Die Menge äußerer Anforderungen steigt also beträchtlich, weshalb viel Energie nach außen gerichtet sein muss. Daraus resultiert im Umkehrschluss natürlich, dass die Jugendlichen auch einen Extraeinsatz leisten müssen, nicht den Kontakt zu sich und ihrem Inneren zu verlieren, also dorthin, wo die für sie richtigen Entscheidungen gefällt werden müssen. Kopf und Herz müssen konsultiert werden, wenn wichtige Entscheidungen anstehen, und daher braucht man einen guten Kontakt zu beiden Instanzen. Die meisten Jugendlichen haben überdies auch noch nach der Schule anstrengende Beschäftigungen, und das Üben der Fähigkeit, sich zu konzentrieren und die Aufmerksamkeit zu fokussieren, ist ein wichtiger und motivierender Schritt auf dem Weg zum Studium.

Es ist deshalb ratsam, in der Klasse ein tägliches oder mindestens regelmäßiges Übungsprogramm durchzuführen. Diese Übungen können in Situationen gemacht werden, in denen man einen Tempowechsel braucht oder in denen das kreative Denken besonders gefragt ist, aber auch, wenn der Druck besonders hoch ist, wie zum Beispiel vor Prüfungen oder Referaten. Wenn die Klasse Gruppenarbeit machen soll, kann mit Übungen gearbeitet werden, die die Zusammengehörigkeit, die Aufmerksamkeit und die Kreativität fördern.

Eine gute, tägliche Übung ist zum Beispiel die Aufzugübung (Übung 10), bei der man durch die Atmung Kopf und Körper miteinander verbindet und damit auch die Möglichkeit stärkt, Gedanken in Handlung umzusetzen. Sie hilft einem, die Stärke zu finden, die in einer guten Verbindung zum Körper und zur Erde liegt. Die Aufzugübung kann man gut jeden Tag machen, damit man sie parat hat, wenn man den Kontakt zu sich selbst bewahren muss, zum Beispiel bei einer Klassenarbeit, Prüfung oder vor einem Referat. Sie hilft auch, sich nicht nur mit seinen Gedanken und Emotionen zu beschäftigen, wenn man gestresst ist und kurz davor, den Überblick zu verlieren.

Übung 54 – KONZENTRATIONSÜBUNG: ZIEH EINEN STRICH

- Der Lehrer liest eine Geschichte laut vor.

- Nehmt Papier und Bleistift. Zieht jedes Mal, wenn ihr an etwas anderes denkt, einen Strich.

- Nachfolgendes Gespräch:

  - Gibt es jemanden, der keinen Strich gezogen hat?

  - Konntet ihr spüren, dass zwei Gedankenbahnen parallel liefen?

  - Gibt es andere Erfahrungen?

Übung 55 – **KONZENTRATIONSÜBUNG: ZÄHL BIS ZEHN**

- Setzt euch bequem hin. Spürt euren Körper, eure Atmung, euer Herz.

- Jetzt sollt ihr während der nächsten zwei bis fünf Minuten bis zehn zählen. Der Lehrer bestimmt, wie lang, und achtet auf die Zeit.

- Jedes Mal, wenn ihr rauskommt oder an etwas anderes denkt, fangt von vorn an.

- Nachfolgendes Gespräch:

  - Wie ist es euch ergangen?

  - Welche Erfahrungen habt ihr gemacht?

Übung 56 – **ENTSPANNUNG DER SINNE**

- Legt euch auf den Boden oder setzt euch auf einen Stuhl. Macht es euch bequem.

- Fühlen:

  - Spüre, wie die Füße den Boden berühren. Spüre, wie der Stuhl deinen Körper stützt und deine Arme auf deinen Beinen oder dem Stuhl ruhen. Spüre die Stellen, wo dein Körper etwas berührt. Achte dann auf die Luft, die deinen Körper umgibt. Versuch mal, den Umriss deines Körpers zu spüren.

- Hören:

  - Wende deine Aufmerksamkeit jetzt auf die Laute, die du im Raum und draußen hören kannst:

Wind, Autos, den Atem der anderen, die Bewegungen der anderen oder was auch immer.

- Lausche dann auf die Laute, die in dir sind. Dein Atem, dein Herz oder was auch immer.

- Höre auf beides gleichzeitig.

• Riechen:

- Achte darauf, welche Gerüche du wahrnehmen kannst. Es macht nichts, wenn es keinen deutlichen Geruch gibt. Es ist wichtig, dass du deine Aufmerksamkeit auf den Geruchssinn fokussiert.

• Sehen:

- Was nimmst du über deine Augen wahr? Wenn du die Augen geöffnet hast, sind es der Raum und die Personen um dich herum. Wenn du die Augen geschlossen hast, achte auf die Lichtunterschiede, die es geben kann. Oder schließe die Augen und versuche dich zu erinnern, was du gerade gesehen hast.

• Schmecken:

- Wende deine Aufmerksamkeit zum Schluss dem Schmecken zu. Was schmeckst du gerade jetzt? Wie schmeckt es? Es macht wieder nichts, wenn du keinen deutlichen Geschmack wahrnimmst. Wichtig ist nur, dass du dich auf den Geschmack konzentriert.

• Versuche nun, ob du deine Aufmerksamkeit auf alle Sinne gleichzeitig richten kannst. Achte auf alle Eindrücke und Impulse, die auf dich einwirken. Und versuche, dich neutral zu verhalten. Du sollst nichts anderes machen, als sie wahrzunehmen. Es gibt keine guten oder schlechten Sinneseindrücke. Sie sind einfach da. Spüre ihnen eine Weile nach.

Je mehr Bewusstsein der Einzelne dafür entwickeln kann, wie er sich selbst in Stresssituationen verhält und wie seine Reaktionen aussehen, desto leichter ist es, unter Druck das Gleichgewicht zu wahren. Deshalb kann folgende Übung nützlich sein. Sie braucht viel Zeit und sollte vorzugsweise als Teil einer Themenarbeit über Existenz, Lebensqualität und Lebenstüchtigkeit durchgeführt werden. Man kann zum Beispiel in einer Themenwoche damit arbeiten oder die Übung in einem der kreativen Fächer über längere Zeit hinweg durchführen.

Übung 57 – PENTAGRAMM-MANDALA

- Die Jugendlichen beginnen mit Übungen, die ihr Zusammengehörigkeitsgefühl und ihre Gemeinschaft stärken und bei denen das Herz als natürliche Kompetenz im Zentrum steht, zum Beispiel die Übungen »Grün und Rot« (35), »Dreieck« (36), »Blinzeln« (37), »Bandana« (50), »Spiegelübung« (51), »Kopietanz« (52), »Floß« (53), »Stoß- und Balance-Übung« (59), »Gebt euch einen Stoß« (60), »Armdrücken frei stehend« (61) und »Gegenseitige Massage« (17).

- Die Gruppe stellt sich danach im Kreis auf, spürt sich selbst, nimmt sich bei den Händen, spürt die anderen im Kontakt durch die Hände, sich selbst. Der Lehrer begleitet die Übungen »Jemand, den du magst« (13) oder die Grundübung zum Thema Herz (1).

- Alle bekommen danach ein dickes Blatt Papier (A3 oder größer). Mithilfe eines Topfdeckels oder etwas anderem zeichnen die Jugendlichen einen Kreis, der so groß ist, dass rings darum noch Platz ist. In die Mitte des Kreises werden die Gefühle gezeichnet, die sie während der Übungen im Herz vernommen haben. Es wird in Stille oder mit leiser Musik gezeichnet.

- Dann werden der Reihe nach die anderen natürlichen Kompetenzen durchgegangen. Zu jeder natürlichen Kompetenz wird die entsprechende Grundübung gemacht: Für das Bewusstsein ist dies die Übung 2, für den Körper Übung 3, für die Atmung Übung 4 und für die Kreativität Übung 5. Man ergänzt auch durch andere Übungen, die zur Kompetenz passen, zum Beispiel:

  - Bewusstsein: »Stopptanz« (16), »Im Kreis bis 20 zählen« (26), »Die Pause spüren« (30), »In verschiedenem Tempo gehen« (31), »Zieh einen Strich« (54), »Zähl bis 10« (55).

  - Körper: »Dehnübung« (9), »Grounding in drei Schritten« (12), Übungen für die Wirbelsäule (20, 21, 22, 23, 24).

  - Atmung: »Aufzugübung« (10), »Mit der Atmung massieren« (11), »Musikhören« mit Fokus auf Atmung und Herz (25).

  - Kreativität: »Wo kommt der Impuls her« (47), »Entspannung« (56).

- Ist eine natürliche Kompetenz durchgearbeitet, zeichnen die Jugendlichen ihre Eindrücke in das Mandala ein. Im Mandala muss Platz für vier Kompetenzen sein. Man spricht über die Erlebnisse und Empfindung, die man in Bezug auf die einzelnen Kompetenzen hatte. Wenn alle natürlichen Kompetenzen durchgenommen sind, hat der Jugendliche ein Bild von seinem persönlichen Kontakt zu den natürlichen Kompetenzen und davon, wie er diese Kompetenzen erlebt hat. Man kann dieses Bild über das Mandala oder den Dialog mit den anderen teilen.

– Die Jugendlichen haben dadurch die Möglichkeit, ihren eigenen Kompass zu entwickeln und vielleicht auch ihren eigenen Satz an Übungen, die für sie am meisten Sinn machen. Gleichzeitig hat man so die Möglichkeit, den Kompetenzen einen kreativen Ausdruck zu verleihen, was für einige sehr viel sinnvoller sein kann als bloß Gespräche.

Für diese Altersgruppe kann die Arbeit mit dem Mandala als Impuls genutzt werden, um ein paar Übungen auszusuchen, die die Jugendliche als Tonfiles auf ihren Handys haben und damit mehrmals täglich hören können, und sich einen guten Kontakt zu den natürlichen Kompetenzen bewahren.

Übungen, die als Tonfiles geeignet sind

Aufzugübung, Herzübung, Zwischenraum zwischen Gedanken/ Atmung (Tonfiles finden sich auf www.bornslivskundskab.dk)

Sowohl in den Klassen 7 bis 9 als auch in der Zeit danach ist die Fähigkeit zur Zusammenarbeit von großer Bedeutung: Man muss sich als gleichwertiger Partner in Gemeinschaften der unterschiedlichsten Art einbringen und darf dabei weder zu bestimmend noch unterwürfig auftreten. Deshalb ist es wichtig, die natürliche Empathie und die einfühlsame Anerkennung der Jugendlichen zu fördern und zu unterstützen. Es geht auch darum, das Verständnis dafür zu stärken, dass wir alle voneinander abhängig sind und dass das, was wir jetzt hier bei uns tun, durchaus auch Bedeutung für die Menschen auf der anderen Seite der Erde haben kann – und umgekehrt. Deshalb müssen auch in dieser Altersgruppe Gruppenübungen unternommen werden, in denen sich der Fokus sowohl auf einen selbst als auch auf diejenigen richtet, mit denen man zusammen ist.

Übung 58 – DEN PERSÖNLICHEN UND DEN ÄUSSEREN RAUM SPÜREN

- Bei dieser Übung ist es ratsam, Musik zu hören.

- Legt euch auf den Rücken auf eine Matte.

- Spüre deinen Atem, spüre, dass du Luft holst, dass dein Körper sich füllt und wieder leert. Das ist dein innerer Raum.

- Spüre nun, wie dein innerer Raum den äußeren Raum trifft, wie deine Oberfläche den Boden berührt, dein Hinterkopf, deine Schultern, Lenden und Beine. Spüre die Unterlage: Wie nimmt sie dich auf? Lass dich tief hineinsinken, sodass du richtig mit ihr verschmilzt.

- Lausche jetzt in den Raum: Welche Geräusche kannst du hören? Zum Beispiel die Musik, den Atem der anderen, den Wind draußen …

- Und während du diese Geräusche hörst, sollst du deinen Atem spüren. Jetzt nimmst du gleichzeitig den äußeren und den inneren Raum wahr.

- Beginne jetzt langsam, dich zu bewegen. Erst leichte Bewegungen der Beine und des Körpers, dann steh auf.

siehe Film auf www.bornslivskundskab.dk

Übung 59 – STOSS- UND BALANCEÜBUNG

- Bildet Zweiergruppen.

- Einer beginnt damit, dem anderen einen leichten Stoß zu geben, den dieser auffängt.

- Derjenige, der gestoßen wird, stellt sich breitbeinig hin. Spürt die Fußsohlen auf dem Boden und stellt euch vor, dass ihr Wurzeln schlagt. Winkelt die Knie leicht an.

- Derjenige, der anstößt oder die Impulse gibt, gibt sie über seine Hand auf die Hüfte oder die Schulter seines Partners.

- Es geht um eine Begegnung, nicht um einen Kampf. Das heißt, dass derjenige, der die Stöße bekommt, ihnen mit der gleichen Kraft begegnet, mit der er sie empfangen hat. Achtet aber darauf, immer die Balance zu halten, auch wenn euer Partner seine Hand bewegt.

- Denkt in zwei Richtungen: nach unten durch eure Beine und nach oben durch den Punkt, an dem euch euer Partner trifft.

- Für diejenigen, die die Impulse geben, ist es wichtig, nur so fest zu stoßen, wie euer Partner damit zurechtkommt. Denkt daran, dass auch ihr die Balance halten müsst, auch wenn euer Partner sich unvermittelt bewegt. Richtet die Impulse auf verschiedene Stellen des Körpers eures Partners. Lasst Brust und

Rücken erst einmal aus. Später, wenn ihr vertraut mit der Übung seid, könnt ihr eure Partner herausfordern, indem ihr schnellere Impulse aussendet und vielleicht um euren Partner herumlauft, um ihn an verschiedenen Stellen zu treffen.

- Denkt die ganze Zeit daran, dass es um eine Zusammenarbeit geht.

- Achtet während der Übung auf euren Atem.

- Tauscht die Rollen, damit ihr beide gebt und nehmt.

Übung 60 – EINANDER STOSSEN

- Bildet Zweiergruppen.

- Steht euch einander gegenüber. Stellt euch stabil hin.

- Hebt die Hände und legte eure Handflächen aneinander.

- Sendet über eure Hände einen Stoß aus und versucht, den anderen damit aus dem Gleichgewicht zu bringen.

- Man darf die Hände gerne bewegen, wenn der andere stößt.

- Spürt euren Atem und euren Körper, während ihr diese Übung durchführt.

Übung 61 – ARMDRÜCKEN FREI STEHEND

- Bildet Zweiergruppen.

- Stellt euch einander gegenüber auf.

- Macht einen Schritt nach vorn. Der Fuß, der zum Partner zeigt, soll dicht vor dem Fuß des anderen stehen.

- Legt die Hände wie beim Armdrücken zusammen.

- Versucht nun, den anderen aus dem Gleichgewicht zu bringen.

- Spürt euren Atem und eure Füße während der Übung.

Übung 62 – **FLOSS**

- Diese Übung ist sehr gut mit Musik durchzuführen. Man muss nur darauf achten, dass die Musik die Instruktionen nicht überlagert.

- Geht im Raum umher.

- Spüre deinen Atem, während du gehst. Wie holst du Luft? Schnell, langsam, schwer, leicht oder irgendwie anders? Verändert sich dein Atem beim Gehen?

- Achte nun darauf, wie du gehst. Richte deine Aufmerksamkeit darauf, wie deine Füße den Boden berühren und wie sie sich wieder heben. Wie ist dein Tempo? Schnell oder langsam?

- Spüre deine Arme und Hände. Was machen sie? Bewegen sie sich oder hängen sie entspannt nach unten?

- Jetzt richte deine Aufmerksamkeit auf den Raum, in dem du dich befindest.

- Wie ist die Temperatur? Spürst du die Luft auf deiner Haut? Gibt es einen ganz bestimmten Geruch? Welche Dinge sind im Raum? Wie ist das Licht?

- Richte deine Aufmerksamkeit jetzt auf die anderen Menschen im Raum. Sieh sie an. Wer ist da? Nimm nicht zu viel Kontakt auf, es geht nur darum, zu registrieren, dass man gemeinsam mit anderen in einem Raum ist.

- Jetzt stell dir vor, der Raum sei ein Floß. Es ist eure gemeinsame Aufgabe, dass dieses Floß nicht kentert! Das bedeutet, dass ihr euch die ganze Zeit über gleichmäßig im Raum verteilen müsst, damit nirgendwo gleichzeitig zu viele Menschen sind. Schließt die Löcher, wo niemand steht.

- Versucht, ob ihr eure Aufmerksamkeit gleichzeitig auf den Raum, auf die anderen und auf eure Atmung, also auf euch selbst, richten könnt.

Im Jugendclub/Jugendzentrum

Alle vorhergehenden Übungen können natürlich auch im Rahmen eines Jugendclubs oder Jugendzentrums durchgeführt werden. Häufig gibt es in diesem Umfeld die Möglichkeit, Interessengruppen zu bilden, die zum Beispiel Yoga machen, andere Entspannungsübungen, verschiedene Arten von Kampfsport, Achtsamkeitsübungen oder auch andere Aktivitäten, die die natürlichen Kompetenzen stärken. Darüber hinaus können unter der Verantwortung der Jugendzentren auch Ausflüge mit Übernachtungen draußen in der Natur unternommen werden. Siehe Übungen 38, 39 und 40. Sie bieten viele Möglichkeiten, die natürlichen Kompetenzen zu stärken, die Sinne zu schärfen und sich als Teil eines größeren Systems zu erkennen.

Übung 63 – **WALK OF ATTENTION**

- Geht umher und richtet eure Aufmerksamkeit sowohl nach innen auf eure Atmung und euren Körper als auch nach außen auf all die Sinneseindrücke, die euch ein Spaziergang in der Natur bietet.

- Spürt euren Körper.

- Spürt euren Pulsschlag.

- Spürt eure Atmung.

- Spürt die Natur: ihre Geräusche, ihre Gerüche, all die Eindrücke, die sie euch gibt.

- Achtet darauf, welche Sinne stimuliert werden.

Macht auch eine Übung im Dunkeln und achtet darauf, wie das eure Wahrnehmung beeinflusst. Wie werdet ihr von euch selbst beeinflusst, von der Gruppe, zu der ihr gehört, und von der Natur, die euch umgibt?

Das Gespräch und seine Möglichkeiten

Während der ganzen Kindheit und Jugend bietet der Dialog gewaltige Entwicklungsmöglichkeiten. Das gilt auch für den Entwicklungsprozess, den man an der Schwelle zum Erwachsensein durchleben muss. Die inneren Übungen bieten ein großes Potenzial, wenn es darum geht, den Kontakt zu sich selbst zu vertiefen und damit die Fähigkeiten des Einzelnen, präsent, aufmerksam und empathisch zu sein. Genau diese Fähigkeiten sind auch das Fundament für ein gutes Gespräch, das sowohl Kontakt zu seinem Gesprächspartner oder seinen Gesprächspartnern als auch zu sich selbst erfordert. Enthält ein Gespräch diese Qualitäten, bietet es die Möglichkeit, dass der Jugendliche oder das Kind sich selbst und seine Beziehung zu anderen auf deutlich differenzierte Weise sieht. Hat man als Kind an solchen Dialogen teilgenommen, stehen die Chancen gut, dass man selbst ein guter Gesprächspartner wird. Es ist aber auch möglich, Dialogübungen mit Kindern zu machen und so ihre Fähigkeiten zu stärken, den Kontakt zur eigenen Mitte zu bewahren, zuzuhören und auf die Perspektive ihres Gesprächspartners einzugehen. Genau diese Kompetenzen brauchen sie unter anderem für die Gruppenarbeit.

Übung 64 – DIALOGÜBUNG

Die Übung ist unabhängig vom Gesprächsthema durchführbar. Es kann zum Beispiel darum gehen, dass man sich in der Schule gestresst fühlt und wie man auf diesen Druck reagiert.

- Die Jugendlichen sitzen in Dreiergruppen zusammen, die abwechselnd die Rollen des Sprechenden, seines Dialogpartners und des Zeitnehmers/Beobachters einnehmen.

- Alle drei setzen sich bequem hin und spüren den Stuhl, den Boden unter den Füßen und ihren eigenen Atem.

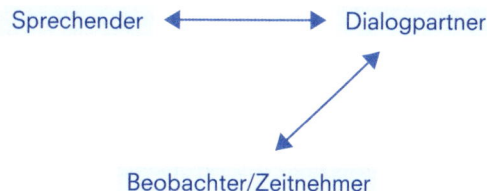

- Jeder Durchgang dauert fünf Minuten. Der Sprechende erzählt und der Dialogpartner hört interessiert und präsent zu und stellt vertiefende Fragen. Der Beobachter nimmt die Zeit und fasst anschließend zusammen, was er/sie gehört hat.

Elternmitarbeit

Die Mitarbeit der Eltern ist in den letzten Jahren zu einem immer wesentlicheren Teil des Schulalltags geworden. Der Großteil der Eltern ist engagiert, interessiert sich für den Schultag ihrer Kinder und möchte gerne Einfluss darauf haben, wie sich dieser gestaltet. Das ist gut so, aber nicht immer einfach. Positiv ist, dass dadurch die beinahe uneingeschränkte Macht gebrochen wird, die die Schule und die Lehrer noch vor Generationen über das Lernen und die Entwicklung der Kinder hatten. Überdies eröffnet die Mitarbeit der Eltern die Möglichkeit, den Unterricht besser auf die jeweiligen Eigenheiten der Kinder auszurichten. Ein Nachteil liegt allerdings darin, dass es für die Eltern nicht immer leicht ist, den Blick dafür zu bewahren, dass die Schule für alle da ist und dass der Unterricht sowohl jeden einzelnen Schüler einschließen als auch sich auf die Gemeinschaft ausrichten muss. In manchen Fällen bedeutet das zwangsläufig, dass andere Prioritäten gesetzt werden müssen, als dies von einzelnen Eltern gewünscht wird.

Die Elternmitarbeit ist auch deshalb eine Herausforderung, weil viele Lehrer und Pädagogen nicht das nötige Wissen über den Dialog haben und ihnen die Fähigkeit fehlt, zuzuhören, auf die Eltern einzugehen und ihre andere Perspektive konstruktiv zu nutzen. Sie empfinden das elterliche Interesse dann eher als Druck denn als eine Möglichkeit, eventuelle Routinen zu hinterfragen.

Allen Eltern ist es wichtig, dass ihr Kind einen guten und sicheren Schultag hat, und es ist wichtig, dass Lehrer und Erzieher auf diese absolut legitime Forderung eingehen. Sie müssen erkennen, dass dieser Wunsch die Eltern antreibt, auch wenn ihr Anliegen als Kritik, wenn nicht gar als egozentrischer Angriff auf die Lehrer aufgefasst wird.

Werfen wir noch einmal kurz einen Blick auf die Mutter, die ihr Kind in die Betreuung gebracht hat und von einem Pädagogen empfangen wurde, dessen Interesse für das neue Kind gegen null ging.

Nehmen wir an, dass sie zu dem Pädagogen oder vielleicht sogar zum Leiter der Einrichtung zurückkehrt, um ihm von ihrem Erlebnis und dem ihres Kindes zu berichten: Wie würde sie wohl empfangen werden? Ich gehe davon aus, dass sie allerlei gute Entschuldigungen zu hören bekommen würde: »Ich wusste ja nicht, dass das sein erster Tag in der Betreuung war«, oder: »Es ist natürlich etwas anderes, in die Betreuung zu gehen, als in einen Kindergarten, wir haben hier gar nicht das Personal, um uns die ganze Zeit über um die Kinder zu kümmern«, und so weiter und so fort. Meiner Erfahrung nach haben die wenigsten Leiter, Pädagogen und Lehrer genügend Professionalität, um sich vorbehaltlos zu entschuldigen und sich dann mit vollem Einsatz darum zu kümmern, wie sie gerade dieses Kind bestmöglich empfangen können.

Es erfordert natürlich persönliche Autorität und große Authentizität, ohne Rechtfertigung oder Gegenangriffe zu reagieren – und Training und Reflexion, um aus einer solchen Situation zu lernen. Hilfreich dafür können die Übungen zur Beziehungskompetenz (32) sein, zur Zugänglichkeit der natürlichen Kompetenzen (7) oder das Pentagramm-Mandala (57).

Diese Übungen können der Lehrerin/Erzieherin deutlich machen, was mit einem selbst passiert, wenn man Kritik ausgesetzt ist, an welcher Stelle man den Kontakt zu seinen natürlichen Kompetenzen verliert und damit natürlich auch die Fähigkeit, mit persönlicher Autorität und Authentizität zu reagieren. Diese Erfahrung ermöglicht es einem, sich so präzise wie möglich darin zu üben, den Kontakt zu seinen inneren Qualitäten aufrechtzuerhalten, und das wiederum ist eine Voraussetzung, um den Menschen, denen man gegenübersteht, möglichst authentisch zu begegnen. Es geht nicht darum, den Eltern alles zu geben, worum sie bitten, sondern darum, sie mit ihren Wünschen und Bedürfnissen ernst zu nehmen, auch wenn nicht alle dieser Wünsche erfüllbar sind. Ein solches Verhalten schafft die Basis für weitere Zusammenarbeit. Wir können uns vorstellen, dass die Mutter im oben genannten Beispiel den Anspruch oder Wunsch äußert, dass ihr Sohn in den nächsten 14 Tagen von immer demselben Pädagogen empfangen wird. Ein Wunsch, der sicher nicht erfüllt werden kann, dem man aber auf folgende Weise entgegenkommen könnte:

»Ich kann Ihnen das nicht versprechen, aber wir können gerne darüber reden, welche Bedürfnisse Ihr Sohn hat, damit wir von unserer Seite alles unternehmen können, um ihm so weit wie möglich entgegenzukommen« (siehe auch Juul & Jensen, 2002, und Jensen & Jensen, 2007).

Es ist in jedem Fall eine Herausforderung, Eltern pädagogisches Vorgehen oder Unterrichtsdidaktik zu vermitteln. Warum es zum Beispiel eine gute Idee ist, mit den natürlichen Kompetenzen zu arbeiten, wie wir es in diesem Buch vorschlagen. Oder wann und wieso andere Unterrichtsmethoden genutzt werden, die ebenso infrage gestellt werden können.

Eltern wollen oft wissen, warum ihre Kinder dieses oder jenes lernen müssen und warum gerade auf eine bestimmte Weise. Es ist herausfordernd und positiv, dass Eltern solche Fragen stellen, denn sie zwingen die Lehrer und Pädagogen, die Beweggründe für ihre Arbeitsmethoden zu überdenken, was langfristig zu einer tieferen und breiteren fachlichen Verankerung führt.

Wenn wir uns zum Beispiel einen Elternabend vorstellen, in dem es darum geht, die Eltern darüber zu informieren, dass die Lehrer und Pädagogen die in diesem Buch vorgeschlagenen Übungen mit den Kindern durchführen wollen, ist es sicher ratsam, erst einmal darauf einzugehen, warum man es als wertvoll erachtet, für diese Techniken Zeit zu verwenden. Überdies muss an einem solchen Elternabend auch Zeit eingeräumt werden, um die Idee als solche und die zugrunde liegende Theorie zu erläutern.

Übung 65 – PROGRAMMPUNKT FÜR ELTERNABENDE

Im Team bildet man Zweiergruppen und erarbeitet eine etwa zehnminütige Einführung für den Elternabend. In dieser Einführung muss erklärt werden, warum das Team sich entschlossen hat, die Arbeit für die Entwicklung von Präsenz, Aufmerksamkeit und Empathie anzugehen.

Diese Einführung sollte auch einen praktischen Teil beinhalten, in dem einige der Übungen vorgestellt werden und in dem die Eltern die Möglichkeit erhalten, sich dazu in Kleingruppen und im Plenum zu äußern.

Übung 66 – ÜBUNGSAUSWAHL FÜR ELTERNABENDE

Das Team wählt die Übungen aus, mit denen es sich am vertrautesten fühlt und welche die Arbeit mit Präsenz, Aufmerksamkeit und Empathie gut illustrieren können. Die Übungen können – je nach entsprechender Altersstufe der Schüler– recht unterschiedlich sein.

Am Ende des Elternabends folgt dann die größte Herausforderung: Wie geht man mit dem Widerstand um, der möglicherweise von den Eltern kommt? Entscheidend ist es in dieser Phase, ruhig zuzuhören und freundlich zu akzeptieren, dass es andere als die eigenen Ansichten geben kann. Wichtig ist, dass man in diesem Zusammenhang nicht die Vorteile vergisst, die es durch die Elternbeteiligung gibt: Offenheit, Respekt für unterschiedliche Auffassungen, Gleichwertigkeit, Vertrauen, Sicherheit und so weiter. Wobei es am schwierigsten ist, diese Qualitäten auch dann zur Wirkung kommen zu lassen, wenn es wirklich darauf ankommt. In »Friedenszeiten«, in denen Einigkeit besteht und es keine Konflikte gibt, ist das alles einfach; umso schwieriger wird es aber, die Balance zu halten und offen und respektvoll zu bleiben, wenn einem die Eltern voller Kritik und Wut begegnen und dies unter Umständen ganz ohne die oben genannten Qualitäten.

Die Fachkraft hat auch hier die Verantwortung für die Qualität der Beziehung – nicht die alleinige Verantwortung, wie bei der Beziehung zu den Kindern, aber die Hauptverantwortung, weil er oder sie durch seine Position ein System und damit mehr Macht im Rücken hat. Mit anderen Worten, es obliegt der Verantwortung des Lehrers oder Erziehers, auch an Elternabenden an den Qualitäten festzuhalten, die das Leitbild der Institution/Schule kennzeichnen. Natürlich muss man dafür wirklich in sich ruhen und auf seine eigenen Entscheidungen vertrauen. Es ist deshalb ratsam, auch regelmäßig zu trainieren, wie man sich verhalten kann, wenn einem der Wind einmal ins Gesicht bläst.

Übung 67 – **ROLLENSPIEL**

Bei dieser Übung soll einer die Rolle eines schwierigen Elternteils einnehmen, der ganz andere Ansichten vertritt und dies auf sehr bestimmende, erregte Art und Weise zum Ausdruck bringt, während der andere in die Rolle des Lehrers schlüpft, der zum Elternabend kommt, aber an sich und seiner Ansicht festhält.

Teamzusammenarbeit

Wenn man die professionelle Verantwortung für das Lernen und die Entwicklung anderer Menschen hat, sollte man immer auch darauf achten, wie man selbst die Beziehungen und die Entwicklung der betreffenden Menschen beeinflusst. In der pädagogischen Welt ist es relativ neu, einen Blick darauf zu werfen, wie man selbst als Fachperson auf andere Personen einwirkt und Einfluss auf ihre Entwicklung hat, während man in der therapeutischen Welt schon lange Supervision bekommt und sich und sein Verhalten zu den Patienten/Klienten mit den Kollegen offen besprechen kann. Das Team leistet in diesen Fällen einen Beitrag, um die fachliche und fachpersönliche Entwicklung und Qualität zu sichern.

Es braucht für ein solches Vorgehen großes gegenseitiges Vertrauen und Sicherheit, und die Schulleitung hat die nicht geringe Verantwortung, ein derart sicheres, vertrauensvolles Klima zu schaffen. Schließlich gelten im Verhältnis zwischen Angestellten und Leitung die gleichen Regeln wie zwischen Lehrern und Kindern: Wer am meisten Macht hat, trägt die Hauptverantwortung dafür, dass die Beziehung auch die Qualitäten beinhaltet, die sie beinhalten soll. Deshalb ist es für das Leitungsteam nicht minder relevant, sich mit den hier vorgeschlagenen Übungen sowie mit Führungsstrategien zu beschäftigen, die Elemente beinhalten, die auch in den Übungen angesprochen werden (siehe zum Bsp. Hildebrandt & Stubberud, 2010).

Die Arbeit mit Beziehungskompetenz, fachpersönlicher Entwicklung und Präsenz kann an den unterschiedlichen Schulen auf ganz unterschiedliche Weise beginnen: An einigen Schulen beginnt es damit, dass einzelne Lehrer den hilfreichen Effekt dieser Übungen selbst erlebt haben und deshalb von sich aus diese Übungen auch mit den Kindern machen und schließlich die anderen Lehrer mitziehen. Für diese Arbeit interessieren sich dann vielleicht auch die Schulleitung und andere Kollegen, sodass die Übungen in der Schule offiziell vorgestellt werden und man schließlich das Ganze in Kursen erlernen kann. An anderen Schulen entschließt sich die Schulleitung, diese Arbeitsform einzuführen. In der Regel beginnt das dann mit einem pädagogischen Tag mit einer gemeinsamen Einführung, gefolgt von Stunden, in denen die interessierten Teams sich in die Übungen vertiefen können.

Es ist bekannt, dass eine große Anzahl von Lehrern den Stress, den ihr Beruf mit sich bringen kann, nicht aushält und daran sogar zerbrechen kann. Der Alltag der Lehrer ist wie derjenige der Kinder von zahlreichen, teils hohen Ansprüchen geprägt. Hinzu kommen schnelle Wechsel zwischen grundverschiedenen Situationen, bei denen die Aufmerksamkeit immer handlungsorientiert nach außen gerichtet sein muss. Häufig bleibt nicht mehr die Zeit, die Aufmerksamkeit nach innen zu richten und die Stärke wiederzufinden, die in dem engen Kontakt zu den natürlichen Kompetenzen liegt. Man vergisst, bewusst einen Gang herunterzuschalten und im Laufe des Tages auch Pausen zu machen.

Aus amerikanischen und kanadischen Untersuchungen wissen wir, dass Lehrer, die innere Übungen machen, aufmerksamer und den Schülern näher sind. Gemessen wurde das anhand von Kriterien wie fachpersönlicher Identität, Fähigkeit zu reflexiver Praxis, ganzheitlichem Blick auf die Kinder und den Unterricht und sozialer und gefühlsmäßiger Kompetenz. In allen Bereichen hat man schon nach kurzer Zeit positive Tendenzen festgestellt, eine Langzeitstudie steht allerdings noch aus (Meiklejohn et al., 2010)

Die dänische Universität Århus führt in Zusammenarbeit mit den Pädagogischen Hochschulen und einigen ausgewählten Schulen ähnliche Studien durch, die Studenten und Dozenten der PHs ebenso mit einbeziehen wie Lehrer und Schüler der Grundschule. Bei den Kursen der Beziehungskompetenz und Präsenz, die den Fachpersonen im Rahmen des Programms angeboten werden, geht es sowohl darum, Präsenz, Aufmerksamkeit und Empathie im Unterricht der Lehrer zu stärken, als auch den Lehrkräften selber die Werkzeuge in die Hand zu geben, um Kinder, Jugendliche und Studenten in die entsprechenden Übungen einzuweisen. Es gibt noch keine abschließenden Resultate, aber die ersten Ergebnisse deuten an, dass die Übungen einen ähnlich positiven Effekt haben, wie er in den amerikanischen und kanadischen Studien beschrieben worden ist.

Ein Team ist immer ein guter Ausgangspunkt, will man die beschriebenen Übungen implementieren. Im Folgenden finden sich verschiedene Vorschläge für Übungen, die gut für Teamsitzungen geeignet sind.

Übungen: **DIE FÜNF GRUNDÜBUNGEN (1, 2, 3, 4 und 5)**

Beginnen Sie jede Teamsitzung mit einer Grundübung, um erst einmal anzukommen und Ihnen selbst die Möglichkeit zu geben, einen Gang nach unten zu schalten, bevor Sie mit der Lösung der anstehenden Aufgaben beginnen.

Nicht alle im Team werden darüber glücklich sein, eine Team-sitzung auf diese Weise zu beginnen. Und bevor nichts ande-res beschlossen wurde, ist es wichtig, die Teilnahme freizustel-len. Gleichzeitig ist es häufig ratsam, eine Probezeit festzulegen, zum Beispiel vier- bis sechsmal, damit alle Teilnehmer heraus-finden können, wozu sie gegebenenfalls Nein sagen.

Wie in allen anderen Zusammenhängen ist es auch hier wichtig, eventuelle Minderheiten anständig zu behandeln, zum Beispiel, indem man sich respektvoll für die Standpunkte der anderen interessiert, statt sie von der Meinung der Mehr-heit überzeugen zu wollen.

Außer Frage steht die Notwendigkeit, sich mit seiner eige-nen fachpersönlichen Entwicklung zu beschäftigen, wenn man Kinder in seiner Obhut hat. Deshalb muss jedes Team Methoden entwickeln, um die fachpersönliche Entwicklung eines jeden zu unterstützen. Es gibt dafür viele verschiedene Möglichkeiten. Die Vorschläge, die wir in diesem Buch ma-chen, zählen dabei zu den effektivsten Ansätzen zur Erschlie-ßung und zur Nutzung der eigenen fachpersönlichen Ressour-cen – auch in Situationen, die besonders herausfordernd sind (siehe z. B. Herskind & Nielsen, 2011 oder Meiklejohn et al., 2010). Leider kommen Teamsitzungen häufig kaum über den Status der praktischen Planung hinaus, und oft werden dabei auch unwichtige Dinge diskutiert, die eigentlich gar keine großen Diskussionen erfordern. Solche Diskussionen rauben die Zeit für das Wesentliche der Teamarbeit, nämlich das Festhalten an den zentralen Werten der Schule, nach denen Kinder und Erwachsene arbeiten sollen. Wie schon anfangs erwähnt, sind die Werte, welche Beziehungen ausmachen und hierunter speziell die Entwicklung der Beziehungskompe-tenz, von großer Bedeutung für die Entwicklung der Kinder und Jugendlichen. Es liegt deshalb auf der Hand, das Team zu nutzen, um offen über seine eigenen Stärken und Schwächen im Umgang mit den Kindern zu reden.

Die Arbeit als Lehrer oder Pädagoge ist in der heutigen Zeit so anspruchsvoll, dass sie eine fortlaufende Entwicklung der fachpersönlichen Kompetenzen erfordert, um alle Aufgaben zu meistern. Deshalb stellen die Dialogübungen auf den nächsten Seiten eine gute Ergänzung der inneren Übungen dar.

Übung 68 – MEINE STÄRKEN UND SCHWÄCHEN

Abwechselnd ist man derjenige, der redet, Dialogpartner oder Beobachter.

- Die im Fokus stehende Person berichtet über ihre starken und schwachen Seiten bei der Arbeit. Der Dialogpartner hilft ihr, ihr Verständnis ihrer selbst und ihrer eigenen Reaktionen zu vertiefen.

- Gemeinsam finden sie die Entwicklungsschwerpunkte der im Fokus stehenden Person und ermitteln, inwieweit das Team die Entwicklung unterstützen und herausfordern kann.

- Die Arbeit mit den Entwicklungsschwerpunkten kann konkretisiert werden, unter anderem, indem man bespricht, wie die anderen – zum Beispiel bei einem Konflikt mit einem Kind – intervenieren können.

- Die Beobachter berichten nach dem Gespräch, was ihnen aufgefallen ist, unterstützen, was konkret angesprochen worden ist, und richten den Fokus auf das, was im Gespräch nicht vertieft wurde.

- Zu guter Letzt erhält die im Fokus stehende Person das Wort und kann darüber berichten, wie es war, im Fokus zu stehen.

Übung 7 (Die Zugänglichkeit der natürlichen Kompetenzen), Übung 32 (Beziehungskompetenz), Übung 33 (Massage von Schultern und Rücken) und Übung 10 (Aufzugübung) eignen sich ebenfalls gut für Teamübungen.

Des Weiteren können je nach Bedarf aber auch alle anderen Übungen angewendet werden. Sei es mit dem Fokus, etwas Gutes für sich selbst zu tun oder als Training, um die Übungen später gemeinsam mit den Kindern zu machen.

Besonders Klassen- und Jahrgangsteams sowie Betreuungsteams sind mit dem Thema Inklusion konfrontiert. Für sie wird es wichtig sein, ein Milieu zu schaffen, das alle einschließt, und dafür zu sorgen, dass die Kinder einen besseren Kontakt zueinander bekommen. Dies erfordert, dass die Fachperson selbst stabil in sich ruht und sich ihre natürlichen Kompetenzen und Ressourcen auch in Drucksituationen bewahrt. Deshalb ist es ratsam, zu Beginn einen Blick darauf zu werfen, ob das Team von der Einstellung geprägt ist, auch wirklich alle mit einzubeziehen.

Übung 69 – WIE GEHEN WIR MIT DER ANDERSARTIGKEIT IM TEAM UM?

- Möglicherweise gibt es im Team unterschiedliche Ideen, wie ein bestimmtes Problem gelöst werden kann. Finden Sie mehrere Ausgangsbeispiele und versuchen Sie herauszufinden, worin sie sich jeweils unterscheiden.

- Reden Sie nun darüber, wie Sie in Anbetracht der bestehenden Unterschiede weiter zusammenarbeiten können. Sie sollen also nicht versuchen, Einigkeit zu finden, sondern eine Möglichkeit suchen, wie Sie weiterkommen, sich Ihre unterschiedlichen Auffassungen aber bewahren können.

- Diskutieren Sie darüber, wie Sie ein Milieu schaffen können, das die Unterschiedlichkeit aller Teammitglieder im Umgang mit den Kindern und Jugendlichen einschließt.

Als Fachperson braucht man manchmal Hilfe von seinem Team, will man nicht an seinen eigenen Ansprüchen, gute Arbeit zu leisten, scheitern, zum Beispiel beim Versuch, seine Klasse mit guten Noten durch eine Klassenarbeit oder Prüfung zu bringen. Es ist natürlich gut, Ambitionen zu haben und Engagement zu zeigen, das steckt häufig auf positive Weise an. Aber es kann einem auch den Blick verstellen, sodass man die Kinder/Jugendlichen, mit denen man zu tun hat, nicht so sieht, wie sie wirklich sind, und keinen guten Zugang zu ihnen findet. Auch in solchen Fällen kann die vertrauensvolle Zusammenarbeit im Team dem Einzelnen helfen, indem man gemeinsam thematisiert, was man selbst tun kann, um seine fachlichen und fachpersönlichen Ziele zu erreichen, die Prüfungshürde zu bewältigen und dabei gleichzeitig den Kindern/Jugendlichen, mit denen man arbeitet, gerecht zu werden.

In diesem Zusammenhang muss erwähnt werden, dass die Möglichkeiten, im Schulwesen Supervision zu bekommen, zunehmen. An vielen Orten sind pädagogisch-psychologisch geschulte Supervisoren verfügbar, und mehr und mehr Ressourcen werden für die professionelle Supervision bereitgestellt. Dies ist eine ebenso wichtige wie notwendige Ergänzung zu der Arbeit, die intern in den Teams stattfinden kann.

Kapitel 7

Neuen Zeiten entgegen

Niemand weiß, was die Zukunft bringen wird, aber je mehr der Einzelne in Kontakt zu sich selbst und damit auch zu anderen Menschen steht und je tiefer und belastbarer dieser Kontakt ist – desto weiter wird er in die Welt hinausreichen, denn nicht nur in unserem nahen Umfeld sind Empathie, Präsenz und Aufmerksamkeit gefragt, sondern in ebenso hohem Maße auch in der Gesellschaft, und zwar national wie global.

Wir haben darauf hingewiesen, wie man durch einfache Übungen im Alltag das Lern- und Entwicklungsumfeld in der Schule fördern kann und welche Übungen wann infrage kommen. Mit dem Erlernen dieses Wissens ist es allerdings wie mit dem Erlernen vieler anderer Dinge. Erst wenn man selbst mit dem Stoff gearbeitet hat, selbst erfahren hat, was wie wirkt, ist man in der Lage, alles zu integrieren und zu einem Teil seines eigenen fachpersönlichen Repertoires zu machen. Wir können Sie nur auffordern, bei der Stange zu bleiben und sich regelmäßig Zeit für diese Übungen oder eine Auswahl davon zu nehmen, und zwar sowohl für sich selbst als auch gemeinsam mit Kindern und Kollegen. Die Erfahrung zeigt, dass man gerade nach einem Kurs einen deutlichen Effekt spürt, während dieser wieder abnimmt, wenn man von den Aufgaben des Alltags gefangen genommen wird und vergisst, sich die paar Minuten Zeit zu nehmen, die nötig sind, um den Kontakt zu den natürlichen Kompetenzen auf einem hohen Niveau zu halten. Es braucht Zeit, bis die Übungen zur Routine werden und man den Punkt erreicht, an dem man eine Übung mit der gleichen Selbstverständlichkeit ausführt, mit der man sich morgens und abends die Zähne putzt.

Ist dieser Punkt erreicht, wird es häufig leichter, den Kontakt zu den natürlichen Kompetenzen zu behalten, auch wenn man einmal keine Übungen macht. Die Aufmerksamkeit hält dann von ganz allein die Balance zwischen inneren und äußeren Impulsen, und man spürt dann auch häufiger, wenn die Gedanken abzuwandern beginnen. Wenn man sich an die vielen inneren Übungen erinnert, durch die man Dankbarkeit und Nähe zu den Menschen empfunden hat, die einem wichtig sind, entstehen empathische Gefühle oft ganz von allein. Dann wird es leichter, sich selbst und andere zu spüren und damit ein Teil der Gemeinschaft zu sein. Und die natürliche, wache Entspanntheit wird leichter zu einem Allgemeinzustand, wenn Körper und Atmung Aufmerksamkeit bekommen und wir uns all der Impulse bewusst sind, die uns in unserem Leben kreativ und beweglich bleiben lassen.

Es ist nicht wichtig, dass genau die Übungen gemacht werden, die hier vorgestellt worden sind. Entscheidend ist, dass man an den Prinzipien des Trainings festhält:

- Erinnern Sie sich an Ihre natürlichen Kompetenzen und trainieren Sie den Kontakt zu ihnen.
- Aktivieren Sie, wenn möglich, mehrere Kompetenzen gleichzeitig.
- Denken Sie an die Bedeutung der Pausen, und sorgen Sie dafür, dass es an jedem Ihrer Tage Tempowechsel und Pausen gibt.

Wir hoffen, dass dieses Buch möglichst vielen eine Inspiration und Freude ist – passen Sie auf sich auf und viel Erfolg und

Erfüllung bei Ihrer wichtigen Arbeit, unsere Kinder und Jugendlichen zu betreuen, sie zu unterrichten und zu entwickeln – sie sind das Wichtigste, was wir haben!

Nachwort

Von Marianne Bentzen und Susan Hart

In einer Gesellschaft, in der große Teile des kindlichen Alltags außerhalb des häuslichen Bereichs und fern den Eltern ablaufen, kommt Lehrern und Pädagogen eine immer größere Bedeutung zu. Und ebenso spielt auch das gemeinsame Zusammensein der Kinder untereinander eine bedeutende Rolle für ihre weitere Entwicklung. Zahlreiche Forschungsergebnisse der neuroaffektiven Entwicklungspsychologie zeigen, dass man auf keinen Fall unterschätzen sollte, auf welche Weise Lehrer und Pädagogen mit den Kindern und Jugendlichen, für deren Entwicklung sie verantwortlich sind, interagieren. Dabei geht es besonders um die Kompetenzen, die es der Lehrerin, dem Lehrer oder Pädagogen erlauben, in sich selbst zu ruhen und seine eigenen Gefühle zu regulieren. Gerade in Zeiten, in denen »Self-Agency« – also die Fähigkeit des Einzelnen, Kontakt zu sich selbst und mit anderen zu finden – Eingang in Beratungsmethoden, psychologische Interventionen und Pädagogik findet, ist es erfreulich, ein Buch zu lesen, in dem der persönlichen Beziehungskompetenz des Lehrers oder Pädagogen derart hohe Bedeutung zugemessen wird und in dem überdies die zentrale Frage aufgeworfen wird, wie man Kindern beibringen kann, komplexe soziale Gemeinschaften einzugehen, in denen man aufeinander Rücksicht nimmt.

Wie Helle Jensen richtig hervorhebt, erfordert die Inklusion einen ganz neuen Blick auf die Bedeutung der Gesellschaft, denn sie fordert ja nicht nur das einzelne Kind, sondern die ganze Gemeinschaft. Lehrer und Pädagogen sind dabei besonders wichtig. Ihnen obliegt die Verantwortung für einen Entwicklungsprozess, der die Gemeinschaft und das Zusammengehörigkeitsgefühl der Kinder und Jugendlichen so weit stärkt, dass auch gefühlsmäßig und sozial verwundbare Kinder und Jugendliche in den Zusammenhalt aller eingebunden werden. Die Lehrerin oder Pädagogin nimmt dabei in etwa die Rolle eines »Karawanenführers« ein. Es ist von entscheidender Bedeutung, dass sie verantwortungsbewusst, empathisch und selbstsicher auftritt und ihre »Kinderkarawane« mit ebenso konkreten wie präzisen Anweisungen unterstützt und stärkt. Nur so sind der Zusammenhalt und die Bereitschaft zur Zusammenarbeit stark genug, dass sie es durch die Wüste bis in die rettende Oase schafft. Helle Jensen, Katinka Gøtzsche, Charlotte Weppenaar Pedersen und Anne Sælebakke geben gute Hinweise, wie gerade dieser Entwicklungsprozess gefördert werden kann.

Überdies wird das Pentagramm als Werkzeug für Selbstregulierung und Entwicklung eingeführt. Dieses Modell besteht aus den fünf angeborenen und zusammenhängenden Kompetenzen: Körper, Atmung, Kreativität, Herz und Bewusstsein. Wie in der neuroaffektiven Entwicklungspsychologie werden diese fünf Kompetenzen als angeborene Fähigkeiten angesehen, die Kinder unter Anleitung eines Erwachsenen, der diese Fähigkeiten selbst geübt und verfeinert hat, stärken und weiter bei sich entwickeln können. Solcherart Präsenz und Kompetenz eines Erwachsenen kann dem Kind helfen, die sinnliche Wahrnehmung, das basale Energie- oder Stressniveau des Nervensystems, die eigenen Emotionen, die Steuerung der Aufmerksamkeit und die Empathie und Präsenz gegenüber anderen zu entwickeln und zu fördern.

Bezugnehmend auf die Erkenntnisse der neuroaffektiven Entwicklungspsychologie über die Reifung des dreigeteilten Gehirns, liegen die Kompetenzen Körper und Atmung auf dem grundlegenden Niveau, das die sinnliche Wahrnehmung steuert. Es sind dies die beiden ersten Bereiche, die ein Säugling nutzt, um in Kontakt mit seiner Umwelt zu treten. Es handelt sich um basale Kompetenzen, die Erwachsene wie Kinder brauchen, um ihr Erregungsniveau (»arousal[5]«) zu erkennen und zu regulieren. Sinnliche Wahrnehmung und die Regulierung des Erregungszustandes – allein, im Kontakt mit anderen, in Ruhephasen, in Bewegung und bei Berührung – sind das Fundament für gefühlsmäßige und mentale Nähe. Auf dem nächsten Niveau liegen die sinnlich-mentalen Kompetenzen Herz und Kreativität. Diese Qualitäten entwickelt der Säugling in den ersten Lebensjahren durch gefühlsmäßige Resonanz, das Eintauchen in sowohl positive wie auch negative Gefühle und durch den Wunsch, Freude und Glück mit anderen zu teilen, unter anderem durch spontane, überraschende Kontaktinitiativen.

Auf dem letzten, denkend-mentalen Niveau, finden wir das Einüben der Fähigkeit, sich seiner inneren Vorgänge bewusst zu werden, zum Beispiel in Form von Einsicht in die eigene Konzentrationsfähigkeit in einem bestimmten Moment. Auch die Fähigkeit, sich in den eigenen Gefühlszustand oder den der anderen (theory of mind) hineinzuversetzen, gehört dazu, um bestmöglich auf eine schwierige Situation zu reagieren. Wie die sinnlich-instinktiven und fühlenden Kompetenzen des Pentagramms die Grundlagen für das Leben und die

5 **Arousal** ist ein Begriff der Psychologie und der Physiologie, welcher den allgemeinen Grad der Aktivierung des zentralen Nervensystems beim Menschen und bei Wirbeltieren bezeichnet. Charakteristische Merkmale sind Aufmerksamkeit, Wachheit, Reaktionsbereitschaft usw. (Anm. d. Ü.)

Tiefe der gedanklichen Prozesse bilden, vertiefen und verfeinern die bewussten Aufmerksamkeitsfunktionen des Denkens die empathischen, kreativen, körperlichen und atmungstechnischen Kompetenzen.

Ein wichtiges Prinzip, das sich durch das ganze Buch zieht, ist die Bedeutung der symmetrischen Beziehung bei asymmetrischer Verantwortung, die der Lehrer oder Pädagoge sicherstellen sollte. Helle Jensen weist darauf hin, dass die Lehrerin oder Pädagogin nicht mit ihren Schülern gleichgestellt ist. Natürlich ist das nicht neu, weniger bekannt ist aber die Notwendigkeit, dass sich der Lehrer oder Pädagoge ein offenes Herz bewahren muss, um eine durch Präsenz geprägte Beziehung zu seinen Schülern aufzubauen, um es einmal mit Helle Jensens Worten auszudrücken. Die Fähigkeit, das Herz offenzuhalten, erfordert das, was der bekannte englische Psychologe Peter Fonagy als *Mentalisierung* bezeichnet. Gemeint ist damit die Fähigkeit, sich in innere Zustände (Denken und Fühlen) seiner selbst und in andere hineinversetzen zu können. Das ist nicht leicht, aber die Autoren geben in diesem Buch viele Übungsvorschläge, um eben dies lernen und trainieren zu können. Die Übungen zielen unter anderem darauf ab, die »Präsenz« auf sein eigenes Herz zu richten und es dabei gleichzeitig offen und neugierig auf andere zu halten – eine Voraussetzung für Empathie. An diesem Punkt müssen Lehrer und Pädagogen vorangehen, soll die Inklusion gelingen.

Wie Helle Jensen richtig schreibt, braucht es viel Empathie, will man Kindern und Jugendlichen mit Respekt und Gleichwürdigkeit begegnen und gleichzeitig der Verantwortung gerecht werden, ihre Fähigkeit sowohl für das fachliche als auch das soziale und gefühlsmäßige Lernen zu entwickeln. Es erfordert viel persönliche Integrität der Lehrkräfte, gleichzeitig eine respektvolle Präsenz gegenüber sich selbst und anderen zu wahren, ganz besonders in herausfordernden, von Stress geprägten Konfliktsituationen. Genau das brauchen aber die Kinder und Jugendlichen, wenn sie später im Leben komplexe Gemeinschaften eingehen und in einer Gesellschaft leben wollen, in der Qualitäten wie Mitmenschlichkeit, Mitgefühl und Zusammenarbeit wichtig sind. All diese Eigenschaften sind wichtige Bestandteile für den Erhalt einer lebendigen Demokratie und bestenfalls lernt man sie in der Kindheit.

Der russische Psychologe Lev Vygotskij (1978) stellte schon vor Jahren heraus, dass sich jede Funktion in der kulturellen Entwicklung eines Kindes erst sozial herausbildet und dann individuell transformiert. Mit anderen Worten, sie entsteht zuerst zwischen den Menschen und dann im Inneren des Kindes. Alle höheren Funktionen haben ihren Ursprung in wirklichen, zwischenmenschlichen Beziehungen. Was anfänglich etwas Interpersonelles zwischen zwei Personen war, entwickelt sich so zu einer intrapersonellen, psychischen Fähigkeit.

Die Erkenntnis, dass die Lehrerin oder der Lehrer Kindern und Jugendlichen Anerkennung und Respekt zollt, damit auch sie Beziehungskompetenz entwickeln können, ist als solche nicht neu. Die große Frage ist aber, wie das gerade in Phasen ganz besonders hoher Belastung umgesetzt werden soll. Wie behalten der Lehrer und die Pädagogin den Kontakt zu sich selbst und damit auch ihre natürliche Empathie und Freundlichkeit? Helle Jensen zeigt in ihrem Ansatz auf, wie wichtig es ist, dass dem einzelnen Lehrer auch von seinen Vorgesetzten und Kollegen mit Empathie und Verständnis für seine Situation begegnet wird, wenn er einmal Schwierigkeiten hat, empathisch und anerkennend auf einen Jugendlichen zuzugehen, der gerade provoziert oder stört.

Es bringt einleuchtende Vorteile, sowohl Erwachsene als auch Kinder in Methoden zu üben, die Stress abbauen und gleichzeitig Präsenz, Konzentrationsfähigkeit und Empathie in den unterschiedlichsten Situationen des Alltags fördern.

Neben den zahlreichen Übungen, die dieses Buch den Lehrkräften bereitstellt, um sie gemeinsam mit ihren Schülern zu trainieren, lädt es auch Erwachsene – Lehrer, Pädagogen, Eltern – ein, sich in ihr eigenes »Da-Sein« zu vertiefen.

Die Schulen stehen mit der Inklusion vor einer sehr schweren Aufgabe, die nur gemeistert werden kann, wenn alle einander helfen – Politiker, lokale Entscheidungsträger, Schulleiter, Lehrer und Pädagogen. Auch als Erwachsener, egal welcher Profession, kann man nur dann Präsenz zeigen, Sympathie ausstrahlen und durch sein Verhalten die sozialen Fähigkeiten seiner Mitmenschen entwickeln, wenn man die Empathie anderer Menschen spürt.

In diesem Buch finden sich viele vorbildliche und erprobte Übungen. Sie können genutzt werden, um Stress zu reduzieren und den Alltag der Lehrkräfte und Schüler auszubalancieren. Dazu schaffen sie ein besser aufeinander abgestimmtes und soziales Miteinander, also günstiges Lern- und Entwicklungsumfeld. Die Übungen sind auf Alter und Klassenstufe der Schüler abgestimmt und entsprechend geordnet. Als besonders positiv ist zu erwähnen, dass auch für Teenager speziell ausgearbeitete, spannende Angebote gemacht werden. Gerade in dieser Altersgruppe sind Aufgaben, für die sich die Jugendlichen wirklich interessieren und entsprechend engagieren, oft Mangelware.

Wir hoffen und glauben daran, dass dieses Handbuch einen wichtigen Beitrag zu einem Paradigmenwechsel von der Integration zur Inklusion leisten kann.

Übungsindex

Für Kurse und Vorträge in Beziehungskompetenz und Training von Nähe Präsenz, Aufmerksamkeit und Empathie, siehe www. bornslivskundskab.dk oder www.trainingempathy.com oder www.IGfB.org oder www.ddif.de oder nehmen Sie über mail@psykologhellejensen.dk Kontakt mit dem Verein auf.

Die Autoren

Die Autorin dieses Buches ist Helle Jensen, die Übungen wurden aber in Zusammenarbeit mit Katinka Gøtzsche, Charlotte Weppenaar Pedersen und Anne Sælebakke entwickelt.

Helle Jensen ist diplomierte Psychologin und arbeitet unter anderem als Supervisorin im Bereich der Psychotherapie. Sie ist Vorsitzende des Vereins »Die Lebenskompetenz von Kindern«. Helle Jensen ist Dozentin in Familientherapie und gibt in verschiedenen europäischen Ländern Kurse über Beziehungskompetenz, Empathie, Nähe und Präsenz. Sie ist Autorin verschiedener Bücher und Artikel und hat zusammen mit Jesper Juul die im Beltz Verlag erschienenen Bücher »Vom Gehorsam zur Verantwortung« (2009) und »Miteinander – Wie Empathie Kinder stark macht« (2012, weitere Autoren: Jes Bertelsen, Peter Høeg, Steen Hildebrandt und Michael Stubberup) geschrieben. Siehe auch: www.psykologhellejensen.dk und www.bornslivskundskab.dk.

Katinka Gøtzsche ist Psychologin und Dramaturgin und arbeitet als Lehrerin und Jugendcoach am Silkeborg-Gymnasium. Des Weiteren unterrichtet sie über den Verein »Die Lebenskompetenz von Kindern« Nähe und Präsenz und Empathie.

Charlotte Weppenaar Pedersen ist Pädagogin und Psychotherapeutin. Sie hat 18 Jahre lang in Südafrika Lehrer, Straßenkinder und HIV-infizierte Kinder in ganzheitlicher Pädagogik und Mandala unterrichtet. Des Weiteren arbeitet sie als Supervisorin für Personalgruppen und Studenten der Pädagogik. Siehe www.goldenlotus.dk/mediationboern.htm

Anne Sælebakke ist Lehrerin, Physiotherapeutin und Psychotherapeutin. Als Schulphysiotherapeutin und Speziallehrerin war sie 18 Jahre lang an der Grundschule Kongsberg tätig. Sie arbeitet heute als selbstständige Therapeutin im Bereich Kommunikation/Veränderung/Mindfulness. Siehe www.anneselebakke.no

Literatur

Andersen, Mathilde (2013). Social inklusion. *Soziale Inklusion*. Pädagogische Diplomarbeit. Horsens Kommune.

Bech, Grethe, Marianne Elbrønd & Michael Stubberup (2012). Next practice – best practice – familierettet psykoedukation for traumatiserede flygtninge. *Next practice – best practice – familienorientierte Psychoedukation von traumatisierten Flüchtlingen*. Aarhus: Forlaget Synergaia.

Bertelsen, Jes (2010). Et essay om indre frihed. *Ein Essay über die innere Freiheit*. Kopenhagen: Rosinante.

Bertelsen, Jes (2012). Hvordan er muligheden for at bevare og udvikle børns eksistentielle og spirituelle intelligens? *Wie stehen die Chancen, die existenzielle und spirituelle Intelligenz von Kindern zu bewahren und zu entwickeln?* Vortrag. www.bornslivskundskab.dk.

Bertelsen, Jes (2013). Det drejer sig om kærlighed. *Es geht um Liebe*. Peter Høeg (red.). Kopenhagen: Rosinante.

Brodén, Margareta Berg (1991). Mor og barn i ingenmandsland. *Mutter und Kind im Niemandsland*. Kopenhagen: Hans Reitzels Forlag.

Hansen, Mogens (2005). De mange intelligenser – mangfoldighedens pædagogik. *Die vielen Intelligenzen – Pädagogik der Vielfältigkeit*. in: Carsten Bendixen og Gerd Christensen (red.). Perspektiver på de mange intelligenser. Frederiksberg: Roskilde Universitetsforlag.

Hansen, Janne Hedegaard (2006): Individ og fællesskab – om inklusion og eksklusion. *Das Individuum und die Gemeinschaft – über Inklusion und Exklusion*. In: Schou & Pedersen (red.): Samfundet i pædagogisk arbejde – et sociologisk perspektiv. Kopenhagen: Akademisk Forlag.

Hart, Susan (2009). Den følsomme hjerne. *Das gefühlvolle Gehirn*. Kopenhagen: Hans Reitzels Forlag.

Herskind, Mia & Anne Maj Nielsen (2011). Læring af nærvær – i et kultursensitivt perspektiv. *Die Lehre von Nähe und Präsenz – in kultursensitiver Perspektive*. In: Psyke og Logos. Kopenhagen: Dansk Psykologisk Forlag 2011/1, årgang 32.

Hildebrandt, Steen (2012). Børnene er det vigtigste – fremtiden, skolen og barnet. *Kinder sind das Wichtigste – Zukunft, Schule und Kind*. Aarhus: Turbine.

Hildebrandt, Steen & Per Fibæk Laursen (2009). Når klokken ringer ud. Opgør med industrisamfundets skole. *Wenn die Schulglocke läutet. Eine Auseinandersetzung mit dem Schulsystem in der Industriegesellschaft*. Kopenhagen: Gyldendal Business.

Hildebrandt, Steen & Michael Stubberup (2010). Bæredygtig ledelse – ledelse med hjertet. *Tragfähiger Führungsstil – Führungsstil mit dem Herzen*. Kopenhagen: Gyldendal Business.

Jensen, Elsebeth & Helle Jensen (2007). Professionelt forældresamarbejde. *Professionelle Elternzusammenarbeit*. Kopenhagen: Akademisk Forlag.

Jensen, Helle (2009). Klasseledelse med nærvær, opmærksomhed, anerkendelse og empati. *Klassenleitung mit Nähe und Präsenz, Aufmerksamkeit, Anerkennung und Empathie*. In: Elsebeth Jensen & Ole Løw (red.). Klasseledelse – nye forståelser og handlemuligheder. Kopenhagen: Akademisk Forlag.

Jensen, Helle (2010). Den nærværende lærer og pædagog – hjertet i pædagogisk arbejde. *Lehrer und Pädagogen voller Nähe und Präsenz – Pädagogie mit Herz*. In: Lone Svinth (red.). Nærvær i pædagogisk praksis. Mindfulness i skole og daginstitution. Kopenhagen: Akademisk Forlag.

Jensen, Helle, Jes Bertelsen & Jesper Juul et al. (2012). Empati – det der holder verden sammen. Kopenhagen: Rosinante. Dt.: Miteinander – Wie Empathie Kinder stark macht. (2012) Weinheim und Basel: Beltz.

Juul, Jesper (2013). Agression. En naturlig del af livet. Kopenhagen: Akademisk Forlag. Dt.: Aggression: Warum sie für uns und unsere Kinder notwendig ist. (2013) Frankfurt a. M.: S. Fischer Verlag.

Juul, Jesper & Helle Jensen (2002). Pædagogisk relationskompetence – fra lydighed til ansvarlighed. Kopenhagen: Apostrof. Dt.: Vom Gehorsam zur Verantwortung (2009) Weinheim und Basel: Beltz.

Kaltwasser, Vera (2008). Achtsamkeit in der Schule. Weinheim und Basel: Beltz.

Kaltwasser, Vera (2010). Persönlichkeit und Präsenz. Weinheim und Basel: Beltz.

Kristensen, Renée & Frans Ørsted Andersen (2004). Flow, opmærksomhed og relationer. *Flow, Aufmerksamkeit und Beziehungen.* Frederikshavn: Dafolo Forlag.

Laursen, Per Fibæk (2004). Den autentiske lærer. Bliv en god og effektiv underviser – hvis du vil. *Der authentische Lehrer. Werde ein guter und effektiver Unterrichtsleiter, wenn du willst.* Kopenhagen: Gyldendal Uddannelse.

Løvlie Schibbye, Anne-Lise (2007). Relationer i et dialektisk perspektiv. *Beziehungen in der dialektischen Perspektive.* Kopenhagen: Akademisk Forlag.

Madsen, Bent (2009). Inklusionens pædagogik – om at vide, hvad der ekskluderer, for at udvikle en pædagogik, der inkluderer. *Die Pädagogik der Inklusion – weiß man, was ausschließt, kann man eine Pädagogik der Inklusion entwickeln.* In: Pedersen (red.): Inklusionens pædagogik. Fællesskab og mangfoldighed i daginstitutionen. Hans Reitzels Forlag, 2009.

Meiklejohn, John, Catherine Phillips & M. Lee Freedman et al. (2010). Integrating Mindfulness Training into K-12 Education: Fostering the Resilience of Teachers and Students. in: Mindfulness. Springer 2010/1.1.

Nielsen, Anne Maj (2010). Nærvær som opmærksomhedskultur. *Nähe und Präsenz als Aufmerksamkeitskultur.* In: Lone Svinth (red.). Nærvær i pædagogisk praksis. Mindfulness i skole og daginstitution. Kopenhagen: Akademisk Forlag.

Nielsen, Anne Maj & Marie Kolmos (2013). Kontemplativ opmærksomhedskultur i skolen. *Kontemplative Aufmerksamkeitskultur in der Schule.* In: Psyke og Logos. Kopenhagen: Dansk Psykologisk Forlag 2013/1.

Nordenbo, Sven Erik, Michael Søgaard & Rikke Eline Wendt et al. (2008). Lærer kompetencer og elevers læring i førskole og skole. *Die Kompetenzen der Lehrer und das Lernen der Schüler in Vorschule und Schule.* Aarhus: Dansk Clearinghouse for Uddannelsesforskning. DPU/Aarhus Universitet.

Prahm, Birgitte Palm (2010). Opmærksomhed og nærvær – klassens liv og læring. *Aufmerksamkeit, Nähe und Präsenz – das Leben und Lernen einer Klasse*, in: Lone Svinth (red.). Nærvær i pædagogisk praksis. Mindfulness i skole og daginstitution. Kopenhagen: Akademisk Forlag.

Rasmussen, Marianne (2008). Die 9. Intelligenz – die Intelligenz des Herzens. An einer dänischen Schule in die Praxis umgesetzt. Produziert in Zusammenarbeit mit den Familientherapeuten Helle Jensen und Jesper Juul, Filmkompagniet & Matthias Voelchert GmbH, 2010.

Rasmussen, Marianne (2011). Mindfulness og empati i skolen. 6 øvelser i praksis. *Achtsamkeit und Empathie in der Schule. Sechs Übungen.* Interview mit Jes Bertelsen. DVD 2011. Siehe www.filmkompagniet.dk.

Rasmussen, Marianne (2012). Ro og nærvær i skolen. *Ruhe, Nähe und Präsenz in der Schule.* www.filmkompagniet.dk.

Sommer, Dion (1996). Barndomspsykologi. Udvikling i en forandret verden. *Kinderpsychologie, Entwicklung in einer veränderten Welt.* Kopenhagen: Hans Reitzels Forlag.

Stern, Daniel (2006). Die Mutterschaftskonstellation. Stuttgart: Klett-Cotta.

Stern, Daniel (2010). Der Gegenwartsmoment: Veränderungsprozesse in Psychoanalyse, Psychotherapie und Alltag. (2010) Frankfurt a. M.: Brandes & Apsel.

Svinth, Lone (red.) (2010). Nærvær i pædagogisk praksis. Mindfulness i skole og daginstitution. *Nähe und Präsenz in der pädagogischen Praxis. Achtsamkeit in der Schule und in den Tageseinrichtungen.* Kopenhagen: Akademisk Forlag.

Terjestam, Yvonne (2011). Stillness at school: Well-being after eight weeks of meditation-based practice in secondary school. In: Psyke og Logos 2011/1, årgang 32. Kopenhagen: Dansk Psykologisk Forlag.

Vygotskij, Lev S. (1978). Mind in Society. Cambridge, MA: Harvard.

Williams, Mark, John Teasdale & Zindel Segal et al. (2009). Der achtsame Weg durch die Depression. Freiburg: Arbor.

Zachariae, Bobby (2004). Stresskompetence. *Stresskompetenz*, Kopenhagen: Rosinante.